반짝반짝 작은별

2021

슬기로운
고등학교 생활 중에 만난
빛나는 별 같은 이야기

글 김은하

반짝반짝
작은별
2021

CONTENTS

머리말 09

제1화	잘하고 있어!	10
제2화	어련하시겠어요	12
제3화	지금 여기서 뭐하세요?	14
제4화	진짜 짜증나요	15
제5화	중간에 튕겨 나갔대요	16
제6화	20분 동안 기도해도 돼요?	18
제7화	잘 쉬었나요?	20
제8화	선생님 심심하잖아	22
제9화	선생님, 저 시험 망쳤어요	23
제10화	저는 3학년 때 어떤 모습일까요?	24
제11화	작은 이야기 하나	26
제12화	제가 사와야 해요?	28
제13화	가르치는 거라고?	29
제14화	혹시 유희열…	31

제15화	얘들아, 새것 있대!	33
제16화	네? 영어요?	35
제17화	이런 거 써서 올려도 될지	37
제18화	오늘은 조회가 없네요	39
제19화	이럴 수가???	41
제20화	달도 따고 싶고 6펜스도 필요하고	42
제21화	한 달 뒤의 선물	44
제22화	어딜 도망가	45
제23화	그냥 즐긴다	46
제24화	재미로 그립니다	48
제25화	티가 나지 않더라도	50
제26화	3주 전의 이야기인데요	52
제27화	그것이 내 삶이오	54
제28화	?!	56
제29화	뭔가 부족해	58
제30화	영혼마다 단독으로 만나야 하는	60

제31화	50%는 상상	61
제32화	늦었다고 생각하지 말고	62
제33화	여기 사탕이 있으니까	64
제34화	점심과 저녁 사이에 먹을 건데요	66
제35화	이벤트를 준비했거든	68
제36화	갈 수 있을까	70
제37화	죽을 것 같아요	71
제38화	아이들이 나를 키우는군	73
제39화	종이로 접어서 만들었어요	75
제40화	수업에는 빠지면 안돼	76
제41화	운동장이 넓어요	77
제42화	눈빛으로 하는 거죠	79
제43화	소스 하나 줄까요?	81
제44화	오늘은 왜 이렇게 허전하지?	83
제45화	편의점에서 도시락 드시면 되겠네요	85
제46화	조용히 수업해도 될까요	87

제47화	생기가 없는 것 같아	89
제48화	완전 드림팀이네요	91
제49화	어떤 일을 맡아야 하지	93
제50화	혹시 종이컵 받을 수 있을까요?	95
제51화	핫(HOT)으로 보내주세요	98
제52화	모과차를 만들면 어떨까요?	99
제53화	그냥 쇼핑백	101
제54화	신혼여행 계획이잖아	103
제55화	불완전한 인간이라는 것을	105
제56화	타인을 위해	107
제57화	처음으로 드리게 된	108
제58화	그건 아니라고 생각합니다	109
제59화	제가 교육이 되는 것 같아요	111
제60화	원서도 접수하지 않았는데요?	112
제61화	적어주신 문구로	113
제62화	명품보다 어쩌고 패션	114

제63화	이렇게 예쁘고 고마울 수가	116
제64화	눈물이 그렁그렁	118
제65화	오늘 당장 하자	120
제66화	고소미합니다	122
제67화	어떻게 알고 있지?	124
제68화	○○부인	126
제69화	커다란 트리를 교실 앞에	128
제70화	Major가 아닌 Minor	130
제71화	어떻게 이걸 다 먹었지?	132
제72화	뽀뽀하면서 끝낼 겁니다	134
제73화	제 인생에 그런 일은 없을 겁니다	136
제74화	서 계신 동안	138
제75화	게임하고 있다며	140
제76화	꽃이 좋아	142
제77화	적어달라고 아우성들이었는데	143
	작가의 말	145

머리말

   17살부터 19살의 아이들과 주로 지내면서 이 아이들이 얼마나 재치 있고 멋진 아이들인지를 매일 경험합니다. 입시로 인해서 상상을 초월하는 힘든 생활이지만 이들의 생활에서는 웃음이 끊이지 않습니다. 정말 놀라운 아이들이 많다는 것을 알리고 싶습니다. 웃음을 만들 수 있는 것이 얼마나 놀라운 재능인지, 그것을 알아들을 수 있는 것이 얼마나 큰 축복인지, 그 순간을 같이 경험하고 공유하며 함께 웃을 수 있는 학생들과 선생님들을 기록해 보고 싶어서 시작한 일이었습니다.

   2021년 3월부터 2022년 2월까지 있었던 즐겁고 재미있는 에피소드를 담았습니다. 아이들과 또 선생님들과의 학교생활에서 일어났던 유머러스한 일들을 그냥 흘려보낼 수 없었습니다. 저 혼자만 알고 있기에는 너무 아까웠습니다. 여기에 적은 것보다 훨씬 더 많은 일들이 있었는데 그것들을 놓쳐버려서 아쉬움이 큽니다. 팍팍하고 힘들고 지치는 현실이지만, 그 현실을 밟고 넘어서 미래를 꽃필 수 있는 즐거운 시간이 더 많아지기를 간절히 소망합니다. 반짝반짝 작은 별인 아이들은 지금도 빛나고 있고, 슬기로운 고등학교 생활-반짝반짝 작은 별-은 계속 이어집니다. 고맙습니다.

2023.10.10.(화) 서울

제1화
잘하고 있어!
2021.06.04.금

　음악 원격수업 시간에 진로와 연관하여 곡을 소개하는 시간이 있었다. 진로가 뚜렷하지 않아 빈칸으로 둔 학생에게 뚜렷하지는 않아도 현재 가장 되고 싶은 것이 무엇이냐고 질문하였더니, 머뭇거리며 교사가 되고 싶다고 말했다.

내가 질문했다.

- 만약, 지금 너와 같은 학생이 있다면 어떤 말을 해주고 싶어?

학생이 이렇게 대답했다.

- 음, "잘하고 있어!"라고 해주고 싶어요.

그 학생이 들려준 곡.

학생들은, 이런 가사에 '화악' 끌리는 것 같다. 누군가 자기에게 용기를 주는 말을 듣고 싶어 하는 아이들에게, 따뜻한 말 한마디 부탁.

제2화
어련하시겠어요
2021.06.11.금

　나는 수업용 PPT의 배경 화면을 중요하게 생각한다. 내용을 더욱 빛나게 할 수 있으니까. 마찬가지로 노트북의 배경 화면이나, 설문지 등의 배경 테마도 중요하게 생각한다. 이번 주에 '학생 통학 여건 조사'라는 설문지를 작업하기 위해서, 몇 주 전에 사용했던 '직업탐색 설문' 복사본을 K 선생님께 드렸다.

　K선생님께서 그 시트를 이용하여 설문지를 만드셨고 선생님들께 링크 주소를 드렸다. 그 설문지를 보신 Y선생님께서 이렇게 말씀하셨다.

- 아니, 이거 선생님 입김이 들어간 거 아니에요?
- 네?
- 분홍색에, 빨간색에….
- 아… 네…. 정말 예쁘지 않아요?
- 어련하시겠어요오.(우스운 목소리로)

- 아니, 분홍과 빨간색이 이렇게 잘 어울리다니….
- 어련하시겠어요오.(우스운 목소리로)

우리는 모두 폭소했다.

- 설문지 배경 화면 -

(1학년) 통학 여건 조사

제3화
지금 여기서 뭐하세요?
2021.06.11.금

   수시지원에 관한 설명을 듣고, 24기 고3 남학생 2명이 찾아왔다. 내가 1학년 때 담임했던 학생들이다. 내신성적이 어쩌고, 이번 27기가 귀엽고, 저쩌고…. 한참 이야기하던 녀석들이 갑자기 나와 내 자리를 번갈아 보며 물었다.

- 아니, 그런데 선생님….
  그동안 계속 담임을 맡으셔서 올해는 하지 않으신다고 들었는데, 지금 여기서 뭐 하세요?
- (생각지 못한 질문 내용에 엄청 당황하여….)
  아? 나? 아…, 그니깐…, 내가 지금 여기서 뭐 하고 있지?
- (학년 부장이어서 담임 선생님 자리가 아닌 중앙에 있는 내 자리를 보고 하는 말)

   내가 지금 여기서 무엇을 하는 걸까?

제4화
진짜 짜증나요
2021.06.18.금

　핸드폰을 사용하려면 담임 선생님께 허락받아 교무실에서 사용할 수 있다. 누군가 내 옆자리에서 투덜거리면서 한참 통화했다. 신경 쓰지 않고 있었는데 그 투덜거림이 너무 귀여워서 누군가하고 보았다. 내가 예뻐하는 R이었는데, 전화를 끊으면서도 (여기가 교무실인 걸 잠깐 잊은 듯) 막 뭐라고 했다.

- R…. 도대체 누구랑 전화한 거야?
- 아니, 엄마요….
- 아니. 엄마랑 무슨 통화를 한 건데?
- 아니, 동아리 촬영 때문에 과외를 못 하는데 엄마는 절대로 과외를 못 뺀다고 하잖아요…. 진짜 짜증 나요. (아마 이랬던 듯….)
- 뭐라고…? (폭소)

　그 모습이 너무 귀엽고 예뻐서 가끔 생각나는 에피소드.

제5화
중간에 튕겨 나갔대요
2021.06.18.금

원격수업을 하다 보면 중간에 끊어지거나 튕겨 나가는 일들이 종종 있다. 그래도 나는 지금까지 한 번도 그런 일이 없었는데 몇 주 전에 호스트인 내가 튕겨 나가서 수업이 중간에 끊어졌던, 황당한 일이 있었다. 아이들은 수도 없이 많았고….

얼마 전이었다. 원격수업을 하고 있었다. 나까지 인원이 30명이었는데 수업하던 중, 누군가 대기실에 있다는 메시지가 떴다. 처음 보는 이름이었기에, '삭제'했다. '신고'도 할지 묻는 메시지는 조금 고민하다가 취소했다. 그런데 수업을 듣던 아이들이 말했다.

- 선생님…. P가 대기실에서 못 들어오고 있대요….
- 어? 처음부터 있었잖아….
- 중간에 튕겨 나갔대요….
- 진짜? 지금 처음 보는 이름이 대기실에 있어서 삭제했는데?

- (폭소) 선생님…. 그거 P의 아버지 성함이에요.
- 뭐?
- (폭소) 하하하.
- 내가 삭제해서 이제 여기 못 들어올 텐데?
- (폭소) 못 들어오고 있대요….
- 들어오려고 노력해 보라고 해….
- 안 된대요….

결국 내가 삭제한 P를 위해 나를 포함한 29명이 회의실을 모두 나갔다가 다시 들어오기로 하였고, 그제야 P가 회의실에 들어올 수 있었다는 이야기.

제6화
20분 동안 기도해도 돼요?
2021.06.25.금

수업을 시작하기 전에 돌아가면서 기도한다. C가 기도하는 순서인데 이렇게 말했다.

- 선생님, 20분 동안 기도해도 돼요?
- 그래.
- (아이들 폭소) 하하하.

자세하게 기억은 나지 않지만 대략 이런 내용이었다.

- 하나님 아버지, 오늘도 당연한 것 같지만 당연하지 않은 이런 하루를 주셔서 감사합니다. 또 우리에게 ○○도 주시고, ○○도 주셔서 감사합니다. (…) 감사합니다. (…) 감사합니다.

주변에 이것저것을 언급하면서 감사기도를 하는데, 진짜 20분 정도 할 것처럼 줄줄 나왔다. 속으로 '설마, 진짜 20분을?' 하고 있었는데,

한 6, 7분은 했던 듯…. 나름 '길게' 기도하고 눈을 떴을 때 말했다.

- 아니, 왜 벌써 끝났어? 번호대로 돌아가면서 기도하면 될 것 같은데….

- (아이들 소리 지르며) 그렇게 해요!

수업 때문에 그렇게 하지는 못했지만 의외의 모습을 보인 1-○의 열정적인 모습에 여태 수업한 중에서 가장 활기차게 수업했다. 돌아가면서 릴레이 기도를 했던 적이 언제 있었는데, 언제였더라…. 모든 것이 리셋된 요즘, 장난스러운 아이들의 모습 하나에 옛날이 그리워진다.

제7화
잘 쉬었나요?
2021.06.25.금

학년 조회(2021.06.24.목)

1. 잘 쉬었나요?
2. 하루가 이렇게 빨리빨리 돌아오네요.
3. 아침 조회한 지 얼마 안 되었는데
4. 다시, 종례하고
5. 종례한 지 얼마 안 되었는데
6. 또다시 새로운 하루를 여는 조회를 하네요.
7. 언젠가….
8. 대학교 1학년 여름방학을 앞두고
9. 고1 때의 여름….
10. 이 시점을 기억할 때가 있겠죠….
11. 20살에 기억하는
12. 17살의 삶이
13. 어설펐지만 귀엽고

14. 헤맸지만 노력했던

15. 넘어졌지만 또다시 일어났던….

16. 좋은 결과는 아니었지만

17. 17살로서는 최선이었던….

18. 그런, 멋진,

19. 17살이었으면 해요.

20. 오늘도 잘 보내보아요.

21. 시험을 치르는 내일 아침과

22. 시험을 끝낸 모레 아침은,

23. 아직은 시간이 남아 있는 오늘 아침과 다를 거예요.

24. 다행이네요….

25. 아직 무언가 할 수 있는

26. 오늘이어서요….

27. 천천히 걸어봅시다!

28. 학교에서 보아요!

29. 아…. 글이 좀 써지네요…. 오늘.

30. 모두 파이팅!

제8화
선생님 심심하잖아
2021.07.02.금

   조회 시간, S 선생님께서 교무실에서 (아직 등교하지 않은) 학생과 통화하시는 내용.

- 안 오고 뭐 해?
- (학생이 뭐라고 했겠죠….)
- 선생님 심심하잖아…. 빨리 와….

듣는 이를 감동하게 하는 S 선생님의 따뜻한 말.

제9화
선생님, 저 시험 망쳤어요
2021.07.02.금

    시험이 끝났던 첫날, 이동하는 아이들로 가득 찼던 복도에서 1-○ 학생이 나에게 질문했다.

- 선생님, S 선생님 어디 계세요?
- 아…. 내 뒤에 오시던데….
- 아…. 저기 계신다…. (크게 소리 지르며) 선생님!
- (S 선생님) 왜?
- (크게 소리 지르면서 달려가며) 선생님, 저 시험 망쳤어요!

    마치 (다정한) 아빠를 찾는 듯 담임 선생님을 찾는 아이를 보며, 이렇게 생각했다.

- S 선생님, 올해 성공하셨네요!

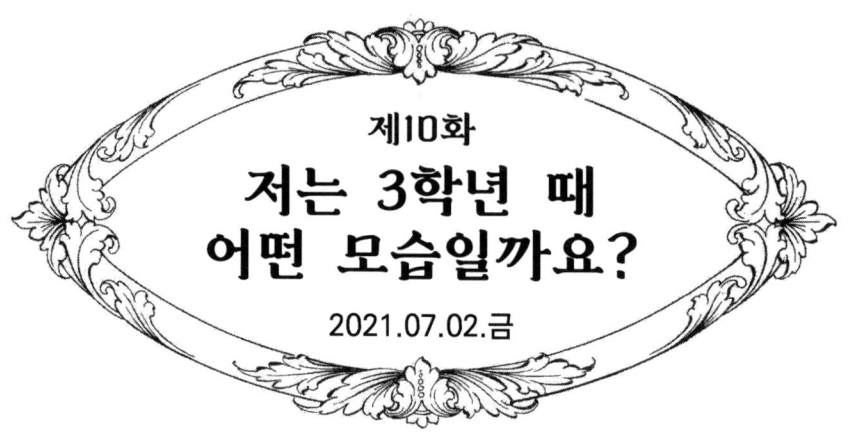

제10화
저는 3학년 때 어떤 모습일까요?
2021.07.02.금

…

3. 2, 3학년은 시험 보고 있어요.

4. 두 학년 모두 다 그렇겠지만,

5. 3학년은 얼마나 아쉬울까요?

6. 1학기의 마지막 시험이라니….

7. 누군가는 여전히 준비를 잘했을 것이고

8. 누군가는 여전히,

9. 준비 없이 시험을 치렀겠죠….

10. 여러분은 어느 쪽일까요?

11. 좋은 결과보다

12. 어렵고 힘들지만

13. 무언가 수고하고 노력하는 모습 자체가

14. 칭찬받을 일이라고 생각해요….

…

이 말에 1-○의 J가 질문했다.

- 저는 3학년 때 어떤 모습일까요…?
- 지금보다 쪼금 더 이뻐진 모습?
- 쪼금만요? (내가 예상치 못한 질문….)
- 지금도 많이 이쁜데? (아마도 J가 예상치 못한 질문…?)

나를 웃게 만드는 아이들.

제11화
작은 이야기 하나
2021.07.02.금

학생들이 시험 보는 기간에 내가 읽기로 했던 책을 읽었다. '김약국의 딸들'이다. 책을 읽고 싶어서라기보다, 어떤 문제에 관한 생각에서 벗어나기 위해 읽었던 책이었다. 책을 읽다 보니, 그 문제에 관한 생각이 희미해지는 것을 느끼게 되었다. 물론, 해결된 것은 아니지만….

'이 문제에 침잠될 수 없어'
'다른 어딘가에 집중해야 해'
'날아오를 수 있어'라는 생각을 자주 한다….

무슨 문제가 있을 때,
잠깐 그 문제를 벗어나서
다른 것을 잡아보는 것을 권해본다….

인생의 어떤 문제가
오히려 나를 날아오르게 할 수 있다는 것….

그리고

나를 성장시킬 수 있다는 것….

시험공부 때문에 힘들어하고 있을 27기에게

작은 이야기 하나를 해보며….

제12화
제가 사와야 해요?
2021.07.09.금

시험 감독하던 1-○ 교실에서 있었던 일이다.

- ○○야, 여기 형광등 나갔는데?
- 어디요?
- 여기 앞.
- 어떻게 해야 해요?
- 갈아야 해.
- 제가 사와야 해요? (아이들 폭소)
- 아니…. 교무실에 가면 있어.
- 아아.
- 한 번도 안 갈아봤구나?
- 네.

하긴, 나도 형광등을 갈아본 적은 많이 없으니…. 이렇게 아이들이 커나간다.

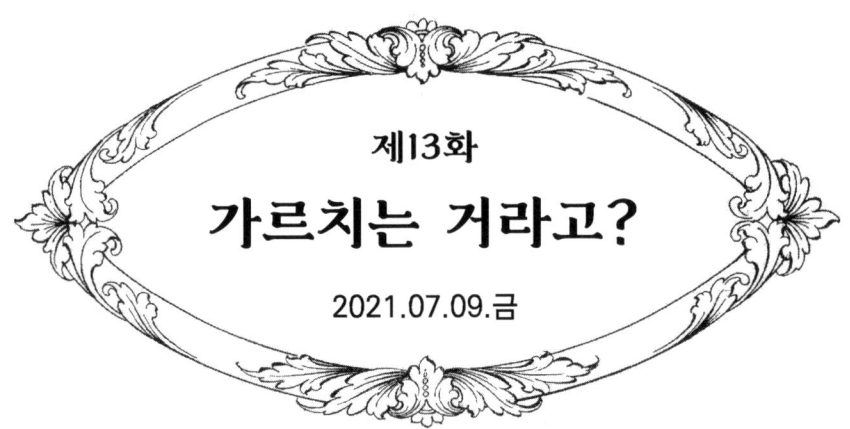

제13화
가르치는 거라고?
2021.07.09.금

   시험 기간, 교무실 문을 열어 놓고 일하고 있는데 어느 교실에서 계속 큰 소리로 떠드는(?) 소리가 났다.

- 남아서들 계속 떠들고 있나 보군….

   좀 떠들다가 조용해지겠지 하고 한참을 기다렸는데도, 계속 크게 말하는 소리가 들려서 일어나 가 보았다. 바로 옆 교실이었다. 문을 열었더니 세 녀석이 있는데 칠판 앞에서 누가 '떠들고' 있었다.

- 아니…. 도대체 뭐 하는 거야? 교무실 내 자리에서도 다 들려….
- 아니, 진짜요?
- 공부 안 하고 칠판 앞에서 뭐 하는 거예요?
- 저 친구가 저희 가르치는 거예요…. 진짜 엄청 잘 가르쳐서 머리에 쏙쏙 들어와요….
- 가르치는 거라고?

자기가 제대로 공부했는지 점검해 보는 가장 좋은 방법은, 다른 사람을 가르쳐보는 것임을 아이들은 알고 있는 거다.

제14화
혹시 유희열…
2021.07.09.금

 학교 언덕을 내려가다가 넘어진 아이를 같은 학급 아이들이 부축해서 힘겹게 걸어가는 모습을 보았다. 다음 날, 그 아이가 교무실 앞에 나타났다.

- 어때, 병원은 갔어?
- 아뇨. 오늘 가려고요.
- 뭐야, 어제 갔어야지….
- 선생님, 다른 거 여쭤봐도 돼요?
- …?
- (친구와 한참 속닥거린다)
- (나는 지금 급한데….) 무슨 이야기인데?
- (다시 속닥거리다가) 선생님. 혹시 유희열 학교 다닐 때 보셨어요?
- (무슨 이야기인데 저리도 속닥거리나 하며 한참 기다리다가 나온 질문이, 개교 이래로 너무도 많이 들었던 이야기라, 뭐야 또 이 질문이네…. 라는 느낌으로 건성으로) 네.

- 아니…. 진짜요? 이야기도 해 보셨어요?
- (이 질문에 나는 피식 웃음…. 스쳐 지나치며) 그럼요.
- 학교 때 어땠어요?

내가 알고 있는 학교 때의 유희열은, 눈빛이 신비로운, 약간은 슬픈 얼굴빛을 띤 학생이었다. 예전에 우리 학교 학생들이 유희열이 방송하는 라디오 프로그램에, '우리 음악 선생님을 아느냐'는 질문을 많이 했던 것으로 알고 있다. 지겨웠을 것이다. 서로 말을 많이 나눈 적이 없는데 아느냐는 질문을 계속 받았으니. 저렇게 유명하게 될 줄, 그때는, 모두 몰랐을 텐데. 아마도 고민 많았던 음대 시절이었을 것이다.

* 이유 : 본인이 추구하는 음악 세계와 완전히 달랐으니까….
  낭중지추를 보여준, 참 잘 된, 내가 좋아하는 재능인이다.
  잘되기를 바란다.

* 낭중지추(囊中之錐) : 능력과 재주가 뛰어난 사람은 스스로 두각을
  나타내게 된다는 뜻

제15화
애들아, 새것 있대!
2021.07.16.금

　복도를 지나다니다가 고쳐야 할 것과 치워야 할 것이 있는지 틈틈이 살펴본다. 어느 날 저녁 돌다 보니, 복도 맨 끝에 있는 A학급 앞에 있는 쓰레기통이 너무 작아서 쓰레기가 넘치는 것이 보였고, 또 다른 복도 맨 끝에 있는 B학급 앞에는 사용하지 않는 쓰레기통이 위에 올려져 있는 것이 보였다.

　밤새 그 두 학급의 쓰레기통이 계속 생각났고 다음 날 아침 출근하자마자 B 학급에 남는 쓰레기통을 A 학급에 갖다주었다. 물론 아이들은 사용하지 않는 쓰레기통이라고 나에게 말해 주었고. 뚜껑이 조금 깨지기는 했지만, 좀 더 큰 쓰레기통으로 갖다주고서 나는 기분이 너무너무 좋았다. 밤새도록 기억해 놓은 일을 해내었다는 기쁨과 무언가 부족한 서로를 맞추어 준 듯한 기분이랄까…. 그랬었는데….

　몇 주 뒤, B 학급에서 찾아왔다. 사용하던 쓰레기통이었다고. 내놓으라고. 나는 너무 놀라서 쓰레기통 새것이 있는지 학생부에 문의했고

구매해 주겠다는 말씀을 들었다. 아쉽게 B학급 아이들을 보내고 까먹었는데 며칠 전에 다시 찾아왔다. 쓰레기통 달라고. 다시 학생부에 연락했다.

- 선생님, 쓰레기통 새것이 있나요??
- 아. 네, 새것이 하나 있네요….
- 아? 진짜요?
  (기뻐 외쳤다) **얘들아, 새것 있대!**

B 학급의 아이들과 나는 눈물을 흘릴 정도로 정말 기뻐하며 서로 얼싸안고 자리에서 방방 뛰었다. 쓰레기통과 관계된 에피소드 하나.

제16화
네? 영어요?
2021.07.16.금

…

14. 조금 쉬고요.
15. 늦지 않게 책상에 앉아요.
16. 저는 지금…
17. 책을 막 읽고 싶고
18. 영어 단어를 막 외우고 싶네요.
19. 아무 생각 없이….

…

이번 주(2021.07.12.월) 학년 종례 내용이었는데, 이 글에 대한 답글들이 재미있었다.

- 네? 영어요?
- 저는 영어 단어 외우고, 다음날 복습하기에 까먹는 일이 없습니당!

- 선생님도 워드 마스터 25과까지 외우세요!
- (책이 없다는 말에) 선생님 제가 드리겠습니다!
- (구글 앱을 소개하며) 공부를 위해서라면 4,500원 정도는 하나도 아깝지 않습니다!

그래서 며칠 뒤에는 이렇게 종례했다.

   ...
13. 공부가 안될 때는
14. 책을 읽어요.
15. 아님,
16. 생각 없이
17. 수학 문제 풀어요….
               ...

제17화
이런 거 써서 올려도 될지
2021.07.16.금

(외국으로 떠나게 된 K 학생이, 마지막 등교 날 남긴 메시지)

1. 동산에서의 저의 마지막 등교 날이 거의 끝나가네요….
2. 아까의 그 시간이 여러분과의 마지막 '진짜' 만남이었다니
3. 정말 아쉬움이 남네요….
4. 아쉬움은 저만의 것이 아니라고 생각해요.
5. 여러분도 그렇게 생각하시리라 믿습니다.
6. 그렇죠?
7. 저는 대인관계 능력이 떨어져서 친구를 못 사귈 줄 알았는데,
8. 하지만,
9. 우리 ○반 친구들이 먼저 다가와 친근하게 대해주어서,
10. 정말 행복했답니다…
11. 가끔 저의 잘못된 정보를 전달해서 정말 당황스러웠는데,
12. 아무렇지 않게 괜찮다고 넘어가고 모르는 척해주어서 정말 고마웠답니다.

13. 여러분과 지내면서 전보다는 외향적인 사람이 된 것 같아
    정말 기쁘네요.
14. 저도 ○○○처럼 떠나겠지만
    언젠가는 동산에서 여러분을 다시 만날 수 있겠죠?
15. 다시 만났을 때, 저를 반겨줄 여러분을 생각하니
    편하게 떠날 수 있을 것 같네요.
16. 여러분도 자신의 목표를 향해 나아가
    꼭 목표를 이루는 사람이 됐으면 정말 좋겠어요.
17. 남은 2주 동안 더 좋게 기억하도록 서로 노력해보자고요….
18. 모두 건강하게 살아있기를.

  p.s. 2학기 때 저 대신해서 음악 부장하실 분 필요할 듯하네요.

(이런 거 써서 올려도 될지 모르겠네요. 음악 선생님…. 괜찮겠죠?)

제18화
오늘은 조회가 없네요
2021.07.23.금

    매일 하는 학년 조회를 놓친 학급이 있었다. 매번 12개 학급을 확인하는데 (비몽사몽) 놓쳤나 보다…. 그랬더니 어느 녀석이 나 대신 학년 조회를 올렸다. 마치 내가 작성한 듯, 내 목소리가 들리는 듯, 귀여운 녀석들….

    1. 오늘은 조회가 없네요.
    2. 역시 없으면 허전하단 말이죠.
    3. 그래서 제가 하겠습니다!
    4. 늦었지만 잘 잤나요?
    5. 1교시 수업 졸리지만, 열심히 들어요….
    6. 오늘 저녁에 선택과목 교육
    7. 있는 거 알죠?
    8. 뭐라도 듣고 잘 선택해보아요….
    9. 이 선택이 1년 후에
    10. 우리의 삶에 큰 영향을 준답니다.

11. 오늘도 34도까지 올라가는군요….
12. 다들 아이스크림이라도 하나씩 먹어요.
13. 모두 파이팅!

제19화
이럴 수가???
2021.07.23.금

    선생님들이 3팀으로 나누어 재택근무를 했는데, 학교에서 수업하는 것이 훨씬 낫다면서 학교에 출장 형식으로 오시는 분들이 계셨다. 그래도 드문드문 앉아계시는 것이 일반적인데…. 이번 주 수요일, 교무실을 둘러보니, 선생님 열두 분 중 딱 한 분만 안 계셨다. 그래서 메시지를 보냈다.

- Y 선생님….
   오늘 1학년 선생님들, 모두 오셨는데….
   샘만 빠졌어요….
   학교 오셔요.

이렇게 답장이 왔다.

- 이럴 수가??????????? (보내주신 물음표 개수 그대로)

제20화
달도 따고 싶고
6펜스도 필요하고
2021.07.23.금

    지금 보고 있는 책〈달과 6펜스 (서머셋 몸)〉은, 인상파 화가 폴 고갱(1848-1903, 프랑스)을 모티브로 한 내용이다. 은행원이었던 화가 고갱처럼, 잘 나가는 증권거래소 직원인 주인공 찰스 스트릭랜드는 갑자기 집을 나와버린다. 이유는 그림을 그리기 위해서…. 책에 나오는 대사 중 몇 마디다.

- 그럼, 부인을 버린 것은 여자 때문이 아니란 말씀인가요?
- 물론이오.
- 그럼 도대체 왜 집을 나오셨습니까?
- 그림을 그리고 싶어서요.
- 하지만 당신의 나이는 사십입니다.
- 그러니까 더 이상 꾸물거릴 수 없었던 거요….
- 하지만 새로운 일을 시작하기에 너무 늦었다고 생각지 않으세요. 과연 결실을 볼까요? 대개 열여덟 살부터 시작하는 게 아닙니까?
- 나는 열여덟 살 때보다 오히려 지금 더 많은 영감을 느끼오.

- 자신에게 재능이 있는지 없는지를 어떻게 아십니까?
- 그림을 그리지 않고는 견딜 수가 없으니까….
- 그렇다면 마치 뜬구름을 잡는 격이 아닙니까?
- 그림을 그리지 않고는 견딜 수가 없다고 하지 않았소.
   이 마음은 나 자신도 어쩔 수가 없는 거요.
   사람이 물에 빠졌을 때 헤엄을 잘 치고 못 치고를 따지고 있겠소?
   어떻게 해서든지 물속에서 빠져나와야 하고
   그렇지 못하면 죽는 것 아니오….

수요일에 선택해서 들었던 선배 특강….

아이들은 어떤 길을 가고 싶어 하는 것일까….

하지 않고서는 견딜 수 없는 것이 있는지….

달도 따고 싶고…. (이상(理想) 추구)
6펜스도 필요하고…. (500원 정도…. 현실…. 돈….)

고등학교 때의 나는 '달'만 생각했었는데….
지금의 나는 '6펜스'만 생각하고 있다….

제21화
한 달 뒤의 선물
2021.08.27.금

지난 7월에, 2학년 학생들이 선택과목에 관한 동영상을 탑재했다. 성실하고 수업에 적극적으로 참여하는 학생들로, 해당 과목 선생님들께서 추천하셨다. 동영상을 제작하기로 한 과목이 총 8과목에, 4명씩 추천받았는데, 2학년 학생들이 후배들을 위해 정성껏 만들어 주었다.

정성껏 만들지 않았더라도, '격려'를 중요하게 생각하는 나로서는 응당 어떤 선물을 했을 텐데, 이렇게 알차게 만들어 준 아이들을 그냥 넘길 수 없어서, 매점 이용권을 미리 준비했다.

이번 주 2학년이 등교했을 때, 아이들을 불러서 '매점 이용권'을 주니, 모두 깜짝 놀랐다. 전혀 생각지 못했을 테고, 한 달 뒤에 준 선물이었으니…. 작은 선물이지만, 활짝 웃는 아이들을 보니, 상큼한 비타민을 먹은 듯 내 마음도 환해졌다.

제22화
어딜 도망가
2021.08.27.금

A 님이 나갔습니다.

B 님이 A 님을 초대하였습니다.

- 어딜 도망가
- ㅋ
- 보고시프다
- ㅋㅋㅋ
- ㅠㅠㅠ

전학을 가서 음악 채팅방을 나간 A를 다시 초대한 어느 반의 대화 내용.

아직도 그 학급에 있는 A.

제23화
그냥 즐긴다
2021.09.03.금

영화 이야기

　1991년 소말리아 내전 당시, 고립된 남북 대사관 공관원들의 탈출 실화를 모티브로 한, 요즘 뜨고 있는 영화 M의 주인공 J의 이야기.

- 영화 촬영은 2019년 10월부터 2020년 2월까지,
  모로코의 항구도시 에사우이라에서
  100% 올로케이션으로 진행되었습니다.

- 감독과 스태프, 배우들 모두가 숙소에서 옹기종기 모여 살았고 타지여서 불편한 점도 있었지만 연기에 집중하기엔 더할나위 없이 좋은 환경이었습니다.

- 원래 외국에서 영화를 촬영하면, 틈틈이 여행하거나 자유시간을 가졌는데, 이번에는 코로나 때문에 전혀 돌아다니지를 못하니, 모든 멤

버들과 내내 함께할 수 있었고, 그래서 더욱 끈끈한 정을 쌓을 수 있어서 정말 좋았습니다.

* 때로는 한 번도 경험하지 못한,
  당황스럽고 괴롭고 힘든 상황을 접했을 때,
  가만히 들여다보면
  그 안에 숨겨진 반짝거리는 부분이 있을 겁니다.
  반드시 그렇습니다.

* 이러한 상황에 스트레스를 받지 않는 방법 몇 가지….
  - 흘러가는 상황에 모든 것을 맡긴다.
  - 내가 어찌할 수 없는 부분은 그냥 받아들인다.
  - 내가 변화시킬 수 있는 부분이 혹시 있는지 찾아본다.
  - 반짝거리는 순간을 발견하도록 눈을 뜬다.
  - 우선 가만히 들여다본다….
  - 그냥… 즐긴다….

  - 이 모든 내용을 머리로는 알고 있지만, 실제로는 나에게 적용되지 못한다는 것을…. 순순히 인정한다.

제24화
재미로 그립니다

2021.09.03.금

그림 이야기

'그림은 즐겁고 유쾌하며 예쁜 것이어야 한다.'
(피에르 오귀스트 르누아르)

밝고 행복한 분위기의 그림들만 그린, 어둡거나 슬픈 그림은 단 한 편도 안 그린, 대표적인 인상파 화가인 르누아르(1841-1919, 프랑스)의 '피아노 치는 소녀들(피아노 앞에 앉은 소녀들)'.

이런 그림들 때문에 르누아르를 부유한 부잣집 도련님으로 생각할 수 있지만, 그는 몹시 가난한 집

안에서 태어나 어린 나이 때부터 도자기 공장에서 그림을 그리며 사회생활을 했다. 물감을 살 돈도, 그림 그릴 장소도 없었던, 고생을 가장 많이 한 화가라고 한다.

평생 그림을 그리며 명성과 부를 쌓았지만, 말년에는 류머티즘 관절염으로 온몸에 통증이 있어 휠체어에 앉아 지낼 수밖에 없었고, 손가락이 뒤틀려서 붓을 잡을 수조차 없었는데, 끝까지 그림을 그만두지 않았고, 손가락과 손가락 사이에 붓을 고정해서 그림 그리는 작업을 계속했다. 밝은 그림만 그리는 그에게 선생님이 힐난했다.

- 자네는 그림을 재미로 그리는가? 왜 심오한 그림은 그리지 않지?
- 네! 선생님! 저는 그림, 재미로 그립니다! 그림을 그릴 때 재미를 못 느낀다면, 저는 여기서 그림을 끊겠습니다.

이 말로 선생님을 진노하게 했다고 한다. 긍정적이고 낙천적인 성격으로, 아무리 어려운 환경에서도 밝고 예쁜 그림을 그렸던 르누아르가 가지고 있던 그림에 관한 생각은,

'그림은 즐겁고 유쾌하며 예쁜 것이어야 한다.'

자기의 본질에 충실할 삶을 살았던 르누아르….

여러분의 본질, 여러분이 지키고 싶은 자기만의 Originality(독창성)는 무엇일까요?

제25화
티가 나지 않더라도
2021.09.10.금

원래 목적에 맞지 않을 수 있지만, 그 목적을 이루어가기 위한 과정 중에 일어나는 작고 작은 순간에 아무도 모르게 자기만의 즐거움과 의미를 둔다면, 걸어가는 과정이 힘들고 지치고 때로는 손에서 놓고 싶더라도 나도 모르게 원래의 목적이 이루어져 있을 수도 있습니다. 이루어져 가는 과정이 티가 나지 않더라도 말이죠….

1. 1시간 20분 정도 걸리는 출근길에 가장 기쁜 순간은, 가끔 정차하는 순간에 텀블러에 담아온 커피를 마시려고 잘 안 열리는 커피 뚜껑을 낑낑거리며 열려고 애쓰던 중 갑자기 '펑'하고 열릴 때라는 사실!

중간중간 커피를 마시면서 운전하다 보면 어느 순간 멀고 먼 학교가…. 텀블러 뚜껑을 열고 커피 마시는 순간을 위해서 학교에 가고 있는 중.

2. 요즘 좋아하는 일은 무채색 표에 다양한 색상 채우기….
   이걸 하다 보면 어느새 복잡한 문서가 작성되어 있다는 사실!

3. 선생님들께 보내는 다양한 문서보다 더 좋아하는 일은 사실,
   함께 첨부하는 추천 음악을 보내는 일!
   이 추천 음악을 보내기 위해, 문서도 함께 보낸다는 사실!

4. 학교에 공부하러 왔지만
   하루 내내 가장 기쁜 순간은, 급식 먹으러 가는 시간….
   수업을 앞두고는 설레기는커녕 더 피곤하기만 하겠지만,
   급식 시간을 앞두고는 두 눈이 말똥말똥해지지 않나요?

   수업내용은 제대로 기억도 나지 않지만,
   입에 맞았던 급식 메뉴와 그때의 그 만족감과 기쁨을 기억한다면,
   여러분의 고등학교 시절은 성공입니다!

   그러니 우선, 무엇보다 밥은 절대 놓치지 말고 맛있게 먹기를요!
   반찬이 무엇이든 말이죠…. 그러다 가끔, 공부하면 됩니다!

   그럼, 티 나지 않게 무언가 되어 있지 않을까요….

제26화
3주 전의 이야기인데요
2021.09.10.금

   담임 선생님들이 너무도 너무도 바빴던 이번 주. 넘쳐나는 메시지들 사이사이 선생님들의 온갖 이야기가 오갔다.

- A는 이렇게 하는 건가요?
- 아뇨. B처럼 하셔야 해요….
- 그럼, C는 뭔가요?
- 그건 A처럼 하셔야 해요….

원격수업을 하고 오셔서 중간에 대화를 들으신 L 선생님.

- 뭐야…. 무슨 이야기야…. 자리를 벗어나면 안 된다니까…. 나도 끼워줘….

다시 L 선생님의 말씀….

- 아니, D는 언제 제출하는 건가요?
- 네? D는 3주 전의 이야기인데요?
- 그 이야기가 어디에 있었지?
- K 선생님이 보낸 수많은 메시지 중에 있어요.
- 아니 그걸 어떻게 지금 기억해 내셨어요?
- 재활용 종이 상자에 버려진 인쇄물을 보고 기억이 났어요.
- 네?
- (모두 다 폭소) 하하하.

이번 주 1학년 담임 선생님들. 정말 정말 바쁜 한 주였지만, 그래서 모두 재미있고 즐겁고, 살아있는 것 같이 보내셨습니다. 어느 한 분도 짜증 내지 않으시고요.

그리고 사실 저는, 소란스럽고 왁자지껄하고 손뼉 치며 떠들고, 이렇게 생동감 있는 교무실이 너무 좋습니다!

모두 정말 수고하셨고,
많이 많이 고맙습니다.

제27화
그것이 내 삶이오
2021.09.17.금

켄 가이어의 '묵상하는 삶'에 나오는 글이다.

멕시코시티의 대형 시장 그늘진 한 구석에 '포타라모'라는 인디언 노인이 있었다. 노인 앞에는 양파 스무 줄이 걸려 있었다. 시카고에서 온 미국인 한 명이 다가와 물었다.

- 양파 한 줄에 얼마입니까?
- 10센트라오.
- 두 줄에는 얼마입니까?
- 20센트라오.
- 세 줄에는요?
- 30센트라오.
- 별로 깎아 주시는 게 없군요. 25센트 어떻습니까?
- 안되오.

미국인이 물었다.

- 스무 줄을 다 사면 얼마입니까?
- 스무 줄 전부를 팔 수 없소.
- 왜 못 파신다는 겁니까? 양파 팔러 나오신 것 아닙니까?

그러자 인디언이 대답했다.

- 아니요. 나는 지금 인생을 살러 여기 나와 있는 거요. 나는 이 시장을 사랑한다오. 북적대는 사람들을 사랑하고, 햇빛을 사랑하고, 흔들리는 종려나무를 사랑한다오. 지나가던 친구들이 다가와 인사를 건네고, 자기 아이들이며 농작물 얘기를 하는 것을 사랑한다오. 그것이 내 삶이오. 바로 그걸 위해 온종일 여기 앉아 양파 스무 줄을 파는 거요. 한 사람한테 몽땅 팔면 내 하루는 그걸로 끝이오. 사랑하는 내 삶을 잃어버리는 것이오. 그렇게는 할 수 없다오

여러분이 생각하는 인생은 어떤 삶일까요.

여러분은 어떻게 하시겠어요?

제28화
?!
2021.09.17.금

세상에서 가장 짧은 편지?!

　세상에서 가장 짧은 편지는 빅토르 위고(1802-1885, 프랑스)가 '레 미제라블' 관련으로 출판사에 보낸 편지와 그 편지의 답장이다. 1862년 출간한 장편 소설 '레 미제라블'은 청년 장 발장이 한 조각의 빵을 훔친 죄로 19년 동안 감옥살이를 마치고 출옥하면서 겪게 되는 파란만장한 일생을 담고 있다. 평단으로부터 인도주의적인 세계관을 담은 서사시적 작품이라는 평판을 얻어낸 낭만주의 문학의 대표작 장편 소설 '레 미제라블'. 망명지의 섬에 머물던 빅토르 위고는 그가 쓴 책에 대한 프랑스인들의 평판이 무척이나 궁금했다.

　그래서 출판사에 '?'이라고 적힌 편지를 보냈는데, 출판사는 그 답변에 '!'이라고 보냈다고 한다. 빅토르 위고의 '?'의 의미.

- 나의 작품들은 잘 팔리고 있습니까?

- 평판은 어떻습니까?

 출판사의 '!'의 의미.

- 아주 잘 팔립니다.
- 평판도 아주 좋습니다.

 백 마디의 말과 온갖 부연 설명을 해도 이해되지 않는 관계가 있는가 하면, 말 한마디 없이 때론 눈빛만으로도 모든 것이 설명되는 관계들도 있다는 것.

 말없이도 서로를 이해할 수 있는 사람이 있나요? 혹시 지금 없다고 해도 너무 상심하지 말기를요. 당신의 잘못은 아니에요.

 내가 한번 그런 사람이 되어볼까요.

제29화
뭔가 부족해
2021.09.17.금

  속이 안 좋아서 영양사 선생님께 죽을 신청했다. 식당에 내려와 보니 뚜껑을 덮은 밥그릇이 식판에 2개 담겨 있었다. 조리 실무사님께 여쭈어보았다.

- 저 말고, 또 누가 신청했나 봐요.
- 아니에요. 선생님만 신청하셨어요.
- 아? 그럼, 제가 두 그릇을 모두 먹는 건가요?
- 영양사님께서 모두 선생님 거라고 하던데요.
- 그럼 다들 두 그릇을 먹는 건가요?
- (웃으시며) 아뇨. 보통 한 그릇을 드세요.
- (나도 폭소하며) 네?? 그럼, 저도 한 그릇 먹을게요.

  가지고 와서 간장을 넣고 먹는데 왠지 부족한 느낌이었다. 그래도 뭐 어쩔 것인가. 보통 다들 1개를 먹는다는데. 그런데 영양사 선생님께서 나에게 찾아오셨다.

- 선생님…. 왜 한 그릇을 드세요?
- 아니. 보통 한 그릇을 드신다고 하셔서요.
- 아니, 선생님께서 평상시에 밥을 많이 드셔서. (이 지점에서 모두 폭소) 죽을 두 그릇 해 놓은 건데요.
- (같이 있던 C 선생님과 폭소하며) 네?
- 모자랄 것 같으니 두 그릇 다 드세요. 갖다 드릴까요?
- 아…. 좀 모자란 느낌은 있지만, 그냥 한 그릇만 먹을게요.

학급 아이들이 죽을 신청할 때도, "많이 주세요!"라는 말을 항상 하는데, 영양사님께서 이 말도 기억하셨는지 덧붙여 말씀하셨다.

- 보통 학생들은 속이 안 좋아서 많이 못 먹는데, 선생님은 많이 달라고 하셔서 많이 주기는 해요. 그래서 이번에 선생님 것도 많이 준비했어요.

실상은, 준비해 주신 죽 두 그릇을 다 먹고 싶었지만 애써 얌전하게 한 그릇을 깨끗이 먹으면서, 기억해 주시고 챙겨주시고 찾아와 돌아봐 주시는 정성에 다시금 감사를 드린다. 그리고 생각했다.

- 다음에는 두 그릇 다 먹어야겠어. 뭔가 부족해……………….
  (말로 표현할 수 없는 아쉬운 감정)

제30화
영혼마다 단독으로 만나야 하는
2021.09.17.금

인디언의 삶에는 꼭 한 가지 피할 수 없는 의무가 있다. 기도의 의무, 매일 신을 찾아뵙는 의무이다. 그들에게 매일의 예배는 날마다 먹는 양식보다 더 필수적인 것이다. 인디언은 동틀 무렵 일어나 물가로 내려간다. 그리고 차고 깨끗한 물을 얼굴에 한 움큼 끼얹거나 아예 전신을 물에 담근다. 목욕 후에는 밝아 오는 여명, 지평선 위로 춤추는 태양을 향해 똑바로 서서 침묵의 기도를 드린다.

이 예배는 동료 간에도 서로 먼저 가거나 뒤따르거나 해야지 같이 가는 법은 결코 없다. 아침의 태양, 신선한 대지, 위대한 침묵의 신을 영혼마다 단독으로 만나야 하는 것이다.

여러분은 하나님을 매일, 단독으로 만나고 있나요?

제31화
50%는 상상
2021.09.17.금

　기악창작 수행평가 중, 재미있는 악보 발견. 사랑에 빠지게 되는 과정을 작곡하려는 계획서. 문자와 색상으로 나타낸 사랑의 감정이라니. 50%는 경험, 50%는 상상이라고 합니다. 아이들은 별걸 다 알고 있다는 사실.

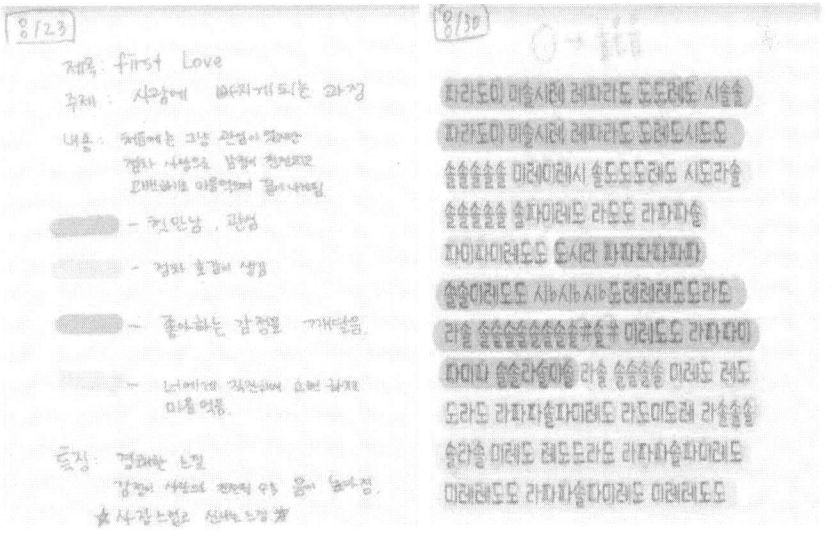

제32화
늦었다고 생각하지 말고
2021.09.24.금

* '진짜 그림'을 그리고 싶지만, 생계를 위해 미군 PX의 초상화 부에서 일하는 옥희도가 결국, 진짜 그림, 〈나목(裸木)〉(나무와 여인)을 남긴다.

* 40세라는 늦은 나이에 등단하여 81세에 생을 마치기 전까지 40년 동안 활발한 작품활동을 했던 박완서(1931~2011)의 첫 작품 〈나목(裸木)〉.

* 서울대 중퇴생이었던 박완서가 20세에 미군 PX에서 경리로 일하다가 알게 된 화가 박수근(1914~1965)과의 이야기를 담았다.

* 늦었다고 생각하지 말고 진짜 하고 싶은 일을 고민하고 찾아보기
* 생계를 위한 일이라도 고민하고 열심히 해보기
* 기회가 오기까지 준비하고 실력을 쌓아가기
* 기회가 왔을 때 시도해보기

* 기회가 오지 않으면 만들어보기

* 나목(裸木) : 잎이 지고 가지만 앙상히 남은 나무.

제33화
여기 사탕이 있으니까
2021.10.01.금

원래 커피를 잘 마시지 않는 L선생님께서 교무실에 있는 (쓴) 액상 커피를 커피잔에 담으셨는데 계속 무언가를 찾고 계셨다.

- 선생님… 뭐 찾으셔요?
- 설탕….
- 네?
- 아니… 설탕을 넣어서 마시려고요….
- 아…. 선생님…, 쓴맛으로 드셔야죠.

너무도 애타게 찾고 계신 L선생님을 보고 교무실에 계시던 선생님들께서 이런저런 조언을 하셨다.

- 여기 비타민 있으니까 녹여서 넣으세요.
- 여기 초콜릿 있으니까 녹이면 될 것 같은데요.
- 여기 사탕이 있으니까 전자레인지에 돌려서 녹이면 단물이 나오지

않을까요.

- 식당에서 설탕을 받아오면 되지 않을까요.

한참이 지났는데도 L선생님께서 설탕을 찾고 계셨다.

- (나) 선생님…. 커피 믹스에서 설탕을 분리해서 넣으시면 될 것 같은데요.

결국, 선생님께서는, 커피 믹스에서 설탕을 분리해 넣으셔서, 달달한 커피를 드셨다는 이야기. L선생님은 누구실까요…?

제34화
점심과 저녁 사이에 먹을 건데요
2021.10.15.금

Arise and Eat(일어나 먹으라) (열왕기상 19:1~7)

샐러드와 닭가슴살로 점심을 드시는 (나로서는 매우 놀라운) 선생님들이 계신다. 일명 체중 조절. 며칠 전 A 선생님께서도 (갑자기) 일주일에 3번 샐러드를 드시겠다고 샐러드를 주문하셨다. 내가 질문했다.

- 그럼, 점심을 드시지 않는 건가요?
- 아뇨.
- 그럼. 저녁을 드시지 않는 건가요?
- 아뇨.
- … (놀라며) 그럼?
- 점심과 저녁 사이에 먹을 건데요.
- (모두 폭소) 아니. 그럼, 점심도 드시고 저녁도 드시면…. 간식?
- 밥을 어떻게 안 먹어요.
- 샐러드도 드시고 저녁도 드시면 살찔 수 있어요.

- 저녁을 적게 먹어야 하는데….
- 샐러드를 댁에 가져가서 드시면 되겠네요.
- 학교에서 먹으려고요….
- (모두 폭소) 하하하.

오늘, (생각보다 양이 많은) 그 샐러드를 가져다주시는 사장님께서 말씀하셨다.

- 이 샐러드는 식사 대용인데….

이번 주에 들은, 먹기에 관한 이야기 몇 개가 있다. 하루 10시간 안에 아침부터 저녁까지 모두 먹으면 살이 빠진다고. 저녁을 굶고 아침에 삼겹살을 구워 먹는 사람들이 많다고.

성경에 나온 엘리야와 하나님과의 대화.

- 하나님의 대단한 역사를 끝낸 뒤, 뜻하지 않게 밀려오는 공허함.

- 로뎀나무 아래에서 지친 몸을 이끌고 죽기를 자청하는 엘리야에게 하나님께서 하신 말씀.

- Arise and Eat(일어나 먹으라) (열왕기상 19:5, 19:7)

제35화
이벤트를 준비했거든
2021.10.22.금

송백재 도서관에 들렀다. 새로운 책을 내 손으로 골라잡아야 할 것 같은 강렬한 이끌림으로. Y선생님께서 2학년 여학생들과 자유롭게 독서 수업을 하고 계셨는데, 양해를 구하고 서고를 둘러보며 책을 보고 있었다. 다양한 재능을 이미 많이 보여주신 Y 선생님…. 갑자기 아이들에게 큰 소리로 외치셨다.

- 얘들아. 오늘 수업도 그냥 넘어갈 수는 없지. 이벤트를 준비했거든. 내가 쪽지 5개를 숨겨 놓았는데, 찾는 사람들에게는 독서록을 면제해 줄게!

아이들이 환호성을 지르며 서고 사이를 누비면서 여기저기에서 쪽지를 찾느라 분주한 모습을 보았다. 학생들에게 물었다.

- 원래 이렇게 이벤트를 하셔?
- 네. 가끔 하세요.

- 역시….

다른 분들 수업을 많이 보고 경험해 보아야 해. 이런 아이디어라니….

여기저기서 '찾았다!'라는 아이들의 신나는 외침으로 송백재에 갑자기 활기가 넘쳤다.

제36화
갈 수 있을까
2021.10.29.금

야간 자기주도학습을 마치고 나가는 아이들에게 A 선생님께서 이렇게 말씀하셨다.

- 오늘도 수고했어. 오늘 이렇게 공부했으니, 서울과 점점 더 가까워질 거야.
- (아이들) (좋아하며 소리 지른다.) 와아아!

우리는 지금, 서울과 가까워지기 위해 새벽에 일어나고, 아침을 거르고, 하루 내내 피곤한 몸으로 책상에 앉아있고, 밤 10시까지 학교에 있고, 그 시간에 다시 학원에 가고, 집에 와서 다시 책상에 앉고, 다시 새벽에 자고, 또 새벽에 일어나고…. 그렇게 10개월을 살았는데…. 과연…. 서울에 갈 수 있을까…. 서울에 가면 무언가 달라질까…. 갈 수 있을까…. 서울에….

서울과 가까워지기 위해 다시 책상에 앉은 어느 날 저녁에….

제37화
죽을 것 같아요
2021.11.05.금

연속되는 등교수업으로 피곤한 아이들과의 대화.

- 계속 등교해서 힘들지?
- 죽을 것 같아요.
- 재작년까지는 매일 등교했잖아.
- 어떻게 등교했는지 기억도 안 나요.
- 아니, 원격수업한다고 누워서 수업하는 건 아니잖아.
- 그래도 늦게 일어날 수 있잖아요.
- 원격수업 때는 몇 시에 일어나는데?
- 오전 8시 30분이요.
- 아니, 그럼 등교 때는?
- 오전 5시 30분이요.
- 오전 6시 30분이요.
- 오전 5시.

원격수업 때보다 2~3시간을 덜 자고 있으니, 얼마나 피곤할지….

아이들이 매일 등교하며 수업하느라 매우 피곤하지만, 친구들과 (의외로) 즐겁고 재미있게 지내면서 '버티고 있는' 아이들. 원격수업 사이사이 잠깐의 휴식을 고대하고 있었다.

조금만 더 참으시기를.

다음 주 중에 원격수업이 끝나면, 11월이 끝나 있을 테니.

제38화
아이들이 나를 키우는군
2021.11.12.금

빵과 달걀을 먹고 있는데 L양이 찾아왔다.

- 선생님, 밥을 드셔야죠.
- 괜찮아….
- 선생님…. 그렇게 드시면 안 돼요. 여기 비타민 C 드세요. 여기 예쁜 그림들이 있어요.
- 약한 네가 먹어야지, 선생님은 충분해.
- 아니에요. 선생님 드리려고 가져왔어요.

분홍색 포장지에 쌓인 비타민을 건넨다. 내가 말했다.

- 아. 이게 아이를 키우는 느낌일까…?

조금 있다 B양이 찾아왔다.

- 선생님, 제가 찍은 학교 사진 좀 보세요!
- 그래, 그래.
- 예쁘죠?
- 와! 정말 예쁘다! 이게 학교야?

교실에서 찍은 학교 주변과 교실 풍경이었는데, 마치 영화 속의 화면 같았다. 너무너무 예쁜 색감!

- 선생님, 제가 선생님께 편지 썼어요!
- 진짜?
- 교원능력개발평가에요.
- 정말?
- 많이 썼으니까 보세요! 그런데, 제 이름 아세요?
- 음…. C 아니야?
- 아니에요…. B예요!
- 앗…. 미안….
- 괜찮아요!

생각에 잠겨 있던 저녁쯤이었는데, 17살의 아이들이 나를 웃게 하고 기쁘게 하고 마음을 부드럽게 풀어주었다.

- 아이들이 나를 키우는군….

제39화
종이로 접어서
만들었어요
2021.11.12.금

여학생들이 찾아왔다.

- 선생님, 이거요!
- 뭔데?
- 반지예요.
- 선생님 드리려고 종이로 접어서 만들었어요.

반에서 종이로 반지를 만들어서 서로 나누어 끼었는데, 내 것도 챙겼다고 했다. 이렇게 감격스러울 수가…. 얇지도 않은 내 손가락에도 너무너무 큰 반지.

- 반지의 제왕에서 나오는 왕 반지 같은데?

제40화
수업에는 빠지면 안 돼
2021.11.12.금

  수능을 앞둔 원격수업 전날. 들뜬 아이들이 청소하고 있었다. 창밖으로 바닥에 새겨진 세계지도를 내려다보니, 저 멀리서 분홍색 옷을 입은 초등학생 같은 여자아이가 뛰어오고 있었다. 어디로 가나 하고 눈으로 좇다 보니, 양손에 짐을 들고 배낭을 멘, 연두색 체육복을 입은 남학생에게 달려가서는 있는 힘껏 안겼다. 누군가 하여 살펴보니, 2학년 A였다. 학교에서는 장난꾸러기 모습이더니, 집에서는 어엿한 오빠인가 보다.

  이런저런 짐가방으로 가득 찬 복도와 마치 긴 방학을 맞이한 듯한 아이들과 이 아이들을 데려가기 위해 멀리서 오신 부모님들을 보며 왠지 좀 더 잘 챙겨주어야겠다는 생각, 좀 따뜻하게는 지냈을까 하는 생각, 집에 가는 길이 기뻐서 다행이라는 생각, 바리바리 짐 싸 들고 여기 멀리까지 배우러 오는 아이들에 대한 애잔함, 고단함, 안쓰러움…. 여러 가지 생각이 들었다. 고작 일주일이지만, 몸과 마음은 좀 더 편하게 지내고 오기를. 수업에는 빠지면 안 돼!

제41화
운동장이 넓어요
2021.11.12.금

중식 지도를 하면서 1학년 남학생들과 이야기를 나누었다.

- 힘들지 않아?
- 아뇨…. 괜찮아요.
- 우리 학교의 좋은 점이 뭐라고 생각해?
- 애들도 착하고 선생님들도 '너어어어어무'(실제로 이렇게 길게 빼면서 말했다) 좋으시고….
- 진짜?
- (눈을 반짝이며) 운동장이 넓어요….
- 아? 운동장이 넓다고? 어디에서 왔는데?
- S 중학교에서요.
- 거기는 여기보다 작아?
- 운동장을 반으로 나누어서 체육관을 만들었거든요. 그래서 작아요.
- 맞아요. 여기는 운동장이 넓어요.

운동장이 넓다니. 단 한 번도 생각해본 적이 없는 말이었다. 식사 후 산책할 때마다, 운동장이 '너무 작아'라고 생각하며 돌았었는데, 아이들은 운동장이 넓다고 좋아한다.

매일 등교하느라 힘들지만, 친구들이 착하고 선생님들이 너무 좋다고, 또 서로 부딪혀서 마음껏 뛰기도 힘들 텐데….

- 따뜻하게 입고 다녀야 해….

이렇게 말하며 앞 외투를 여며 주었다.

순수하고 예쁜 마음으로 학교를 바라보며 초롱초롱한 눈으로 무언가를 기대하는 아이들에게 무언가 챙겨줄 것이 더 있을까. 아이들이 이런 마음으로만 자라주면 좋을 텐데…. 생각들이 쌓였다.

제42화
눈빛으로 하는 거죠
2021.11.12.금

유럽의 음악 이야기를 본격적으로 하기 전에 세계지도를 보며 여행 계획을 세우게 했다. D와 아이들이 큰 소리로 떠드는 소리가 들렸다.

- 여자친구랑 가야지.
- 그럼, 방을 2개 잡아야겠네…?
- 아뇨? 1개 잡을 건데요.
- 아? 그럼 잠을 어떻게 자?
- 손만 잡고 잘 건데요.
- 결혼해야겠네?
- 결혼을 왜 해요?

유럽을 비롯한 세계여행 계획을 짜야 하는데, 방을 1개 잡아야 하는지, 2개 잡아야 하는지, 결혼해야 하는지 말아야 하는지를 격렬하게 토론하다가 끝났다는….

그다음 시간, D가 발표했다.

- 우크라이나에 가서 여자친구를 사귀고 러시아에 가서도 만들고 루마니아에 가서도 만들고.
- 아니. 저번에 같이 갔던 여자친구는?
- 영국에 간 E에게 주고.
- (모두 폭소) 하하하.
- 대화는 어떻게 할 건데요?
- 눈빛으로 하는 거죠….

재미있는 수업을 위해 말만 요란하게 하는 D때문에 시끄러운 수업이 되었다는….

- 여자친구는 물건이 아닌데요….

제43화
소스 하나 줄까요?
2021.11.12.금

이틀 전 저녁, F 선생님과의 대화.

- (나) 식사 안 하셔요?
- (F) 집에 가서 햅쌀밥에 간장게장 먹어야 해요.
- 와! 맛있겠네요….
- 내가 소스 하나 줄까요?
- 아…. 저, 오늘은 식빵 안 가져오고 마들렌 가져왔어요. 빵이 맛없어서요. (나는 매일 식빵 몇 조각을 가져온다)
- (F 선생님 폭소) 아니, 그런 소스 말고요.
- 아…. 간장게장 소스요?
- 아니!
- 아…. 그럼, 잼? 버터?
- 아니…. 소스! 정보!
- 아?
- (모두 폭소) 하하하.

F 선생님은, 소스(source)를 말씀하신 것이었고, 나는, 소스(sauce)로 이해했던 것. 그때 나는 빵을 먹고 있었으니까….

함께 있던 우리 모두 폭소의 도가니로….

나는 이곳, 1학년 교무실이 너무 좋다!

제44화
오늘은 왜 이렇게 허전하지?
2021.11.12.금

G 선생님이 말씀하셨다.

- (G) 오늘은 왜 이렇게 허전하지?
- (나) 왜요?
- 오늘은 왜 메시지 받은 게 없는 것 같지?
- (소리 지르며) 아! 제가 오늘 메시지를 하나도 안 보낸 것 같아요.
- 그러니깐요. 오늘은 메시지가 없어서 아주 좋으네요….
- (놀란 표정의 나) 아! 왜 안 보냈지? 어쩐지 뭔가 허전한 것 같더라고요.
- 아니에요. 아주 좋아요. 메시지가 없어서.
- 아니, 뭔가 놓친 게 있는 것 같아요. 메시지가 없을 리가 없는데.
- 아니, 아니…. 놓친 거 없어요!
- (모두 폭소) 하하하.

하루에 메시지를 수십 통씩 보내는 내가, 오늘은 아무것도 보내지 않았더니, 선생님들이 무언가 허전하다고들 하시면서도 좋아하셨다. 나는 메시지를 보내고 선생님들이 메시지를 읽는 그 순간이 너무 좋은데 말이다….

어쩐지…. 오늘 내가 뭔가 할 일이 없는 것 같더니만….

제45화
편의점에서 도시락 드시면 되겠네요
2021.11.19.금

학생들이 학교에 없을 때는 학교에서 밥을 제공하지 않는다.

- 오늘은 어떤 점심을 먹어야 하나?

주문해서 먹는 선생님들과 나가서 먹는 선생님들로 나누어지는데, 나는 '편하게' 주문해서 먹는 파다. 그런데, 여기저기서 새로운 메뉴를 주문해서 먹는 즐거움도 있지만, 매일 아침, 오늘의 점심을 찾아서 선택해야 한다는 또 다른 고민이 생긴다. 그리고 누군가 그것을 담당해야 한다는 것이 쪼끔, 아주 쪼끔 힘들다. 나야 뭐, 그렇게 많이 고민하지 않고 담당하시는 선생님이 권해 주시는 몇 가지 중에서 쉽게 결정한다.

며칠 전, 내가 '정말 애정하는' 선생님 세 분 중 A 선생님께서 주문도 하지 않으셨는데, 나가지도 않고 자리에 계셨다.

- 선생님. 점심 안 드셔요?
- 네. 여기 B, C 선생님들 기다리고 있어요.
- 아, 나가서 드시려고요?
- 네. 그런데 나는 4교시가 없는데, 여기 분들은 4교시가 있나 보네요.
- 아니. 서로 수업 시간표도 안 맞추고 같이 나가기로 하셨어요?
- 그러니깐요. 나는 5교시가 있는데, 여기들은 5교시가 없을 텐데.
- (우리 모두 폭소) 1시간 만에 빨리 드시고 오셔야겠네요.
- 그러니깐요….
- 그냥 편의점에서 도시락 드시면 되겠네요. (모두 폭소)

다행히도 4교시 수업을 끝내고 오신 선생님들과 나가셔서 편의점이 아닌 맛있는 식당에서 맛있게 잘 드시고 오신 모습을 보았다. 무려 5교시 수업 시작 5분 전에, 안전하게 들어오시고.

이번 주도 교무실에서 따뜻한 웃음을 다량으로 선사해주신 A, B, C 선생님께 감사드리며.

제46화
조용히 수업해도 될까요
2021.11.19.금

아침에 중요한 일들을 이것저것 챙기다가 1교시 원격수업을 하러 음악실로 내려갈 시간이 부족했던 어느 날 아침…, 안 되겠다 싶어서 교무실에 몇 분이 안 계시길래 양해를 구했다.

- 선생님…, 제가 1교시 원격수업을 해야 하는데, 음악실로 내려갈 시간이 부족해서요. 여기 교무실에서 조용히 수업해도 될까요?
- 네!
- 네!
- 그래요.
- 우리도 조용히 할게요.

다행히 교무실에 계셨던 분들께서 허락해 주셨다. 내가 몇 마디 덧붙였다.

- 선생님, 그런데, 제가 수업할 때, 선생님들께서 아시던 모습과 쪼

금, 아주 쪼금, 다를 수 있어요…. 뭐. 쪼금 친절하다든가 조금 코맹맹이 소리를 낸다든가…. 조금 듣기 불편하실 수도 있어요. 이해 부탁드려요.
- 아…. 이해할게요.

수업할 때 엄청 큰 목소리로, 많이 웃고 떠들면서 시끄럽게 수업했어야 했는데, 그날따라 조곤조곤, 신경을 쓰며 수업하느라 너무 힘들었다. 수업이 끝나고 나니 선생님들이 말씀하셨다.

- 아. 선생님…. 평상시와 완전 다르던데요!
- 선생님. 너무 친절하신 거 아니에요?
- 선생님, 애교까지 있으시던데요.
- (나) 아, 죄송해요, 선생님들. 제가 더 거칠게 해야 했는데 그러지를 못해서 너무 힘들었어요.

(내 모습을 들켜 버린) 그 시간 이후로는, 음악실로, 다른 교실로 수업하러 갔다는 이야기.

제47화
생기가 없는 것 같아
2021.11.19.금

수능 이전에 원격수업으로 전환되면서 7일 동안 학교에 학생들이 오지 않게 되었다. 작년부터 등교와 원격수업을 교대로 진행했다가 본격적인 등교수업 이후에, 오랜만에 다시 맞게 된 원격수업. 그런데 이번 주에 원격수업을 하시는 선생님들을 보면서 더 많이 들었던 생각….

- 아이들이 없으니까 선생님들이 생기가 없는 것 같아….

그래서 운동장을 바라보고 계시는 D 선생님께 말씀드렸다.

- 선생님…. 애들이 없으니까 선생님들이 생기가 없는 것 같아요…. 이러다가 선생님들이 늙겠어요…. 바쁘고 정신없기는 해도 애들이랑 있어야 우리가 젊어질 것 같은데요….

D 선생님께서 말씀하셨다.

- 그러니깐요…. 그러지 않아도 오늘 조회 시간에 텅 빈 운동장 사진을 찍어서 올렸어요…. 너희가 없는 텅 빈 운동장을 보니 쓸쓸하다고….

아이들이 떠드는 소리로 들썩거리는 학교여야 우리 교사들도 무언가 살아 있다는 느낌이 들 것 같은. 이런 조용한 학교는, 이제는 질린다는. 아마도 아이들도 피곤하기는 해도 시끄러운 학교에서 부대끼기를 바라지 않을까. 다음 주를 고대하며.

제48화
완전 드림팀이네요
2021.11.19.금

    수능 감독을 가게 됐다. 2년 만에 하게 되어서 엄청 걱정되었는데 같은 학교로 가게 된 선생님들을 보고 깜짝 놀랐다.

    - 아! 어떻게 이런 팀이….

    보통 10여 명씩 같은 학교에 배정이 되었던 것 같은데, 이번에는 나까지 딱 4명. 나머지 선생님 세 분이, 자타가 공인하는 완전히 멋진 선생님들이셨던 것. 내가 정말 좋아하는, 잘 맞는, 좋은 선생님들이라는 것에, 나는 정말 기뻤고 기분이 들떴다. 수능 감독이!

    학교에 많은 선생님이 계시지만, 나와 생각은 같지만 맞지 않는 사람도 있고 생각은 전혀 다르지만 잘 맞는 사람도 있고. 이분들을 감히 '평가'해 보자면, 나와 생각은 조금씩 다를 수 있지만, 그냥 무조건 좋은 선생님들이다. 솔직하고, 재미있고, 거침이 없고, 그러면서도 상대방을 배려해 주고, 예의도 있고, 틀린 말은 하지 않는다 등등….

무엇보다도, 순간순간 빵빵 터지는 웃음을 주는 선생님들이어서 가기 전부터 너무너무 기대되었는데…. 가기 전날, 교감 선생님께서 우리에게 이런 메시지를 보내셨다.

- 완전 드림팀이네요. 김은하 선생님 고생시키지 말고 잘 다녀오세요.

세 분의 선생님들께 말씀드렸다.

- 선생님들과 같은 팀이 되었을 때, 살짝 기분이 안 좋았어요. 내가 왜 같은 팀이 되었지…? 하고.

선생님들께서 말씀하셨다.

- 우리를 감독하기에 김은하 선생님이 딱! 이라는 거지.
- 김은하 선생님 따돌리지 말고 잘 챙기라고 교감 선생님이 메시지 보내신 거잖아요.

나를 잘 챙겨주시고, 마음껏 웃게 만들어 주시고, 진솔한 이야기도 마음껏 했던, 기억에 남는 수능 감독 이야기. 나를 이 드림팀에 넣어주신, 교육청에 감사드리며.

제49화
어떤 일을 맡아야 하지
2021.11.19.금

선생님 몇 분께서 하시는 이야기를 옆에서 들었다.

- 내년에는 어떤 일을 맡아야 하지….
- 학년 부장이 제일 힘든 업무예요.
- 학년 부장이요?
- 애들도 챙겨야지, 학부모도 챙겨야지, 선생님들도 챙겨야지.
- 제일 맘고생이 심한 일이죠.

나는 눈을 똥그랗게 뜨고 웃으면서 듣고만 있었다. 이야기하시는 분들이 나를 보고서는 대화를 이어가셨다.

- 저 얼굴은, 뭐가 힘들어? 나는 괜찮은데, 이런 얼굴인데요.
- 그러니깐요. 나는 아무렇지도 않은데. 이런 얼굴인데.
- (손뼉 치며 모두 폭소) 하하하.

그럴 리가 있겠습니까만은…, 하나씩 짚어보며 생각했다.

- 27기 애들은 무한정 예쁘고. 27기 학부모들도 그렇게 어렵지는 않으시고. 이번 담임 선생님들은, 엄청, 다들 좋으시고.

내가 할 수 없는 부분은 그냥 패스.
내가 할 수 있는 부분은 최선을 다해서.
함께하는 분들의 역량을 최대한 북돋아 주기.
가장 중요한 건, 아이들을 많이 많이 예뻐해 주기.
하고 싶은 일은, 고민하지 말고 마음껏 하기.
불편한 소리, 듣고 잊어버리기.
좋은 소리, 역시나 듣고 잊어버리기.
잘하겠다는 생각, 애당초 하지 말기.
그냥 열심히 하기.
마음껏 웃고 즐기기.
내 감정, 마음껏 표현하기.
속상한 것, 마음에 쌓아두지 않고 먼저 가서 풀기.
좋아하는 감정, 마음껏 표현하기.
 …

이렇게 한 해가 간다.

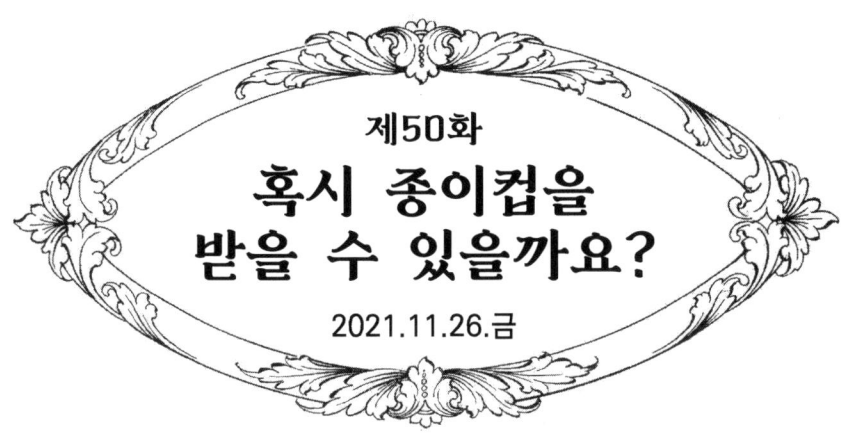

제50화
혹시 종이컵을 받을 수 있을까요?
2021.11.26.금

수능 감독 이야기 하나.

코로나 때문에 온수와 커피를 줄 수 없다는 학교 측의 말이 있었지만, 점심 식사 후 커피가 없으니 모두 허전해했다. 특히 A 선생님께서 3교시 감독을 들어가려면 커피를 마셔야 한다며 걱정하고 있길래 내가 (어디서 그런 용기가 났는지도 모를) 용기를 내 보았다. 고사 본부로 가서 복도에 계신 어느 선생님에게 말씀드렸다.

- 선생님, 혹시 종이컵…을 받을 수 있을까요?
- 종이컵이요?
- 네. 그리고 혹시…, 캔 커피 같은 걸 주시면 안 될까요? 커피가 있으면 좋겠다고들 말씀하시는데.
- 아 네…. 저희가 코로나 때문에 온수와 커피를 준비하지 않아서요.
- 그러시죠? 네…. 알겠습니다. 그럼, 종이컵만.

- 네, 잠깐만요.

그러더니 들어가셨던 선생님이 나오셔서 무언가를 나에게 쓱 내미셨다. 종이컵 4개와 카O 5개…. 나는 깜짝 놀랐다. 나는 사실 다른 용도 때문에 종이컵을 달라고 했던 것이고 부탁하는 김에 커피 이야기를 꺼냈을 뿐인데, 그분이 커피를 가지고 나오실 줄 전혀 상상하지 못했다.

- 온수가 있으면 이것 드세요.
- 아…. 네! 감사합니다!

기뻐서 선생님들에게 한달음에 달려가서 종이컵과 커피를 내미니 모두 깜짝 놀랐다. 그러더니 B선생님이 가지고 오신 보온병을 가지고 달려 나갔다. 자기가 온수를 준비해 보겠다며. 얼마 있다가 B 선생님이 온수를 받아오셨고, 우리는 종이컵에 커피를 타서 마셨다. 무엇보다도 카페인을 간절히 간절히 찾던 A 선생님에게 커피를 타 줄 수 있었던 것이, 얼마나 기뻤던지!

3교시에 들어가야 해서 마시던 커피를 남겨 놓은 A 선생님을 위해서 그 커피를 학생 사물함에 넣어놓고 종이로 덮어 두었다. 80분 동안 식지 말라고…. 80분 뒤 나온 A 선생님이 사물함에 넣어놓은 커피를 다시 꺼내서 드시는 걸 보며 우리가 얼마나 웃었던지! 이 이야기를 들은 C 선생님께서 이렇게 말씀하셨다.

- 나는 새벽 5시 30분에 일어나서 커피를 내려서 왔는데….
- 아, 선생님이 챙기셨어요?

- 같은 학교에 감독하러 가시는 선생님들 열한 분 것 좀 챙기고, 온수도 챙기고 다른 학교 선생님들도 같이 나눠서 마셨어요.

나는 이 지점에서 감동했다. 10여 명의 커피를 내려올 생각을 하시다니! 감히 내가 섣불리 흉내 내거나 따라갈 수 없는 그 무엇이라고나 할까….

팀의 부족함을 보고 그 부족함을 알아서 미리 무언가 준비하는 것.

언제쯤 C 선생님처럼 자연스럽게 몸에 익히게 할 수 있을지…. 가능은 할지….

중요한 것은 아마도 내가 커피를 내려가면, 사람들이 더 황당할 듯…. 평상시에 하지 않던 행동이니까.

제51화
핫(Hot)으로 보내주세요
2021.11.26.금

학교 메신저의 이름은 '쿨 메신저(Cool Messenger)'. D 선생님에게 말했다.

- 선생님, 이 내용, 쿨로 보내드릴게요….
- 핫(Hot)으로 보내주세요!
- (모두 폭소) 하하하.
- 아…, 선생님, 또 에피소드 올라갑니다.

제52화
모과차를 만들면 어떨까요?
2021.11.26.금

    학교에 모과나무가 있다. 보통 이맘때쯤, 떨어진 모과는 선생님들이 가져가신다. 올해도 역시나 모과를 가져가라는 연락을 받고는 쇼핑백 하나를 챙겨서 부리나케 내려갔다. 상자에 담긴 모과 중에서 고르고 골라서 총 13개를 가져왔다. 1학년 담임 선생님들께 1개씩 드리기 위해서. 사실 2개씩 드리기 위해서 총 26개를 가져오고 싶었지만. 상자 2개에서 모과 13개를 꺼내니 상자가 점점 비어서 차마 더 가져가겠다고 말할 수가 없었다. 교무실로 가져와서 선생님들께 말씀을 드리니 몇몇 선생님들께서 이렇게 말씀하셨다.

    - 어, 그 모과…. 설탕에 절여서 모과차로 만들면 어떨까요?
    - 아, 그럴까요?

    그러시더니 D 선생님, E 선생님께서 모과를 싱크대에 놓고 씻으셨고 칼을 가져다 놓으셨다. 당장 썰고 싶었지만, 병과 설탕을 준비한 다음 실행하기로 했다. 모과는 썰기가 쉽지 않은데 감히 어떻게 썰어야 할지 감이 잡히지 않지만, 싱크대에 모과를 쏟아 놓고 열심히 씻으시는 선생님들과 모과차를 언제 만들지를 의논하시는 선생님들이 계셔서…, 정말 감사하고 행복하다….

제53화
그냥 쇼핑백
2021.11.26.금

아침에 출근하다가 F 선생님을 만났다. 선생님은 역시나 나처럼 한 가득 짐을 가지고 계셨다. 그런데 오늘 선생님의 쇼핑백이 내 눈을 잡아끌었다….

- 선생님…. 그 쇼핑백, 뭐예요?
- 네? 아, 이거요? 그냥 쇼핑백….
- 아…. 너무 예쁜 색상인데요? 저랑 더 어울리는 것 같아요.
- (모두 폭소) 하하하.

이러면서 F 선생님이 가지고 계신 쇼핑백을 '뺏어서' 들고서는 마치 핸드백을 든 것인 양, 이리저리 몸을 움직여 보았다. 같이 있던 선생님들이 말했다.

- 와! 예뻐요….
- (모두 폭소) 하하하.

- 봐요! 흠… 예쁘네요.

내 것도 평범하지 않은, 반짝반짝하는 실버 색상이었는데, F 선생님 것 또한, 평범하지 않은 로즈 골드 색상이었던 것! 내가 말했다.

- 선생님! 나중에 제가 이 쇼핑백 살게요….
- 아뇨. 선생님, 제가 그냥 드릴게요.
- 아뇨. 선생님 다 쓰신 후, 제가 살게요.

함께 있던 사람들 모두 와자지껄 웃으면서, 농담하면서, 각자의 교무실로 헤어졌고, 나는 곧 잊어버렸다. 저녁 무렵, F 선생님이 교무실로 찾아왔다. 손에 로즈 골드 쇼핑백을 들고서…. 그 쇼핑백을 한참 보면서도 생각하지 못했다. F 선생님이 왜 쇼핑백을 가지고 와서 나에게 내미는지. 한참 뒤….

- 아…?
- 선생님…, 이 쇼핑백….
- 아…, 뭐예요? 선생님….

F 선생님이 주고 간 로즈 골드 쇼핑백 안에는 과자도 담겨 있었다. 어떻게 이런 선생님들만 내 주변에 계시는지….

제54화
신혼여행 계획이잖아
2021.11.26.금

어느 학급에서의 여행 계획 세우는 시간. G가 발표했다.

- 저는 일단 터키에 가서 케밥을 먹고 이탈리아에 가서 스파게티와 피자를 먹고, 프랑스에 가서 바게트를 먹고 스페인에 가서 결혼할 거예요….
- 누구랑요?
- 스페인 남자랑요. 그래서 제가 지금 스페인어를 배우고 있어요.
- 왜 스페인 남자인가요?
- 저는 열정적인 사람이 좋아요.
- 스페인 남자가 열정적인가요?
- 네…. 저는 좋아하는 사람에게는 말을 잘하지 못하기 때문에 남자가 저에게 달려와야 해요. (모두 폭소) 그리고 생긴 스타일도 마음에 들어요.
- 스페인 남자가요? 이슬람권하고 섞였을걸….
- 네…. 맞아요. 그리고 냄새도 안 난대요.

- (모두 폭소, 정말 정말 웃겼음) 네? 냄새요?
- 진짜예요. 냄새가 안 난대요.
- (모두 폭소) 아니, 왜 냄새가 중요하죠?
- 원래 서양 사람들은 냄새가 많이 난대요.
- 아?
- 그리고 캐나다로 신혼여행을 갈 거예요.

우크라이나에 가서 여자친구를 사귀겠다는 남학생들은 수도 없이 많이 보았지만, 스페인에 가서 스페인 남자와 결혼하겠다는 여학생과 그 이유가 냄새 때문이라는 말에 우리는 정말 배꼽을 잡고 웃었다. 스페인에서 결혼한 뒤 한국으로 데려와서 살겠다는 G의 구체적인 이야기를 들으며 우리가 말했다.

- 신혼여행 계획이잖아!

제55화
불완전한
인간이라는 것을
2021.12.03.금

1-9 교실에 붙어있는 글 중에서

* 나는 나의 불완전함을 소중하게 여긴다.
그것이야말로 내 존재의 본질이니까….

* 실수할 권리를 주장하라.
혹시 다른 사람들이 당신의 불완전함을 받아들이지 못한다면
그것은 그들의 잘못이다.

* 미국의 일부 인디언들은
자신들이 만드는 진주 공예품에
일부러 흠을 낸다고 합니다.

자신이 불완전한 인간이라는 것을
표현하기 위해서 말이죠.

같은 이유로
퀼트를 하는 사람들도 작품 속에
흠을 내는 전통이 있다고 합니다.

어떤 책에서 읽은 이야기인데
그럴듯하다는 생각이 드는군요.

완전해지려고 발버둥 치지 않고
인간이 원래 불완전하다는 것을
적극적으로 받아들인다면

그만큼 조바심 칠 일이 줄어들고
영혼이 편안해질 테니까요….

제56화
타인을 위해
2021.11.26.금

1-9 교실에 붙어있는 글 중에서

1. 험담하지 않기
2. 음식을 남기지 않기
3. 타인을 위해 시간 내기
4. 겸손하게 살기
5. 가난한 이들을 가까이하기
6. 사람을 판단하지 않기
7. 생각이 다른 사람과 벗이 되기
8. 헌신하는 것을 두려워하지 않기
9. 주님을 자주 만나 대화하기
10. 기쁘게 살기

제57화
처음으로 드리게 된
2021.12.03.금

코로나19 종식 후 처음으로 드리게 된 비전홀 채플(2021.12.01.수)

제58화
그건 아니라고 생각합니다
2021.12.03.금

　왁자지껄 시끄럽고 활동적으로 수업에 임하는 1-O. 매시간 어처구니없는 말로 웃음이 떠나지 않게 해준다. 그래서 내가 더 예뻐하기도 하고, 특히 수업이 기다려지는 학급이다. 그 녀석들도 내 수업을 '기다리고 있다고' 생각하는데. 그 학급과 수업하던 중에 있었던 일.

- 아니, 왜 너희 반은 잠도 안 자고 이렇게 시끄럽게 대답하는 거야?
- (와아아아) 하하하.
- 너희, 딱 내 스타일이어서 내가 담임하면 정말 재미있었겠는데!
- (어느 녀석 왈) 아, 선생님…. 그건 아니라고 생각합니다!
- (모두 폭소) 하하하.
- 아니…. 왜!
- (또 다른 녀석 왈) 아…. 선생님, 그건 힘들 것 같습니다, 저희가.
- 아니, 왜?
- (모두 폭소) 하하하.

매시간, 나를 (어이없게) 웃게 만드는 아이들, 수많은 에피소드를 내 머릿속에 남겨주는 아이들, 가끔 '피식' 웃게 만드는 아이들이, 오늘도 내 앞에서 반짝거리고 있었다.

마치. 나를 한 번 더 지켜보아 달라는 듯이….

제59화
제가 교육이 되는 것 같아요
2021.12.03.금

학부모 모임 중에 어느 어머님께서 말씀하셨다.

- 〈주말 편지〉를 1년 동안 읽다 보니, 제가 교육이 되는 것 같아요.

어찌 아셨을까요. 제가 1년 동안 〈주말 편지〉를 썼던 수많은 이유 중 하나인데요.

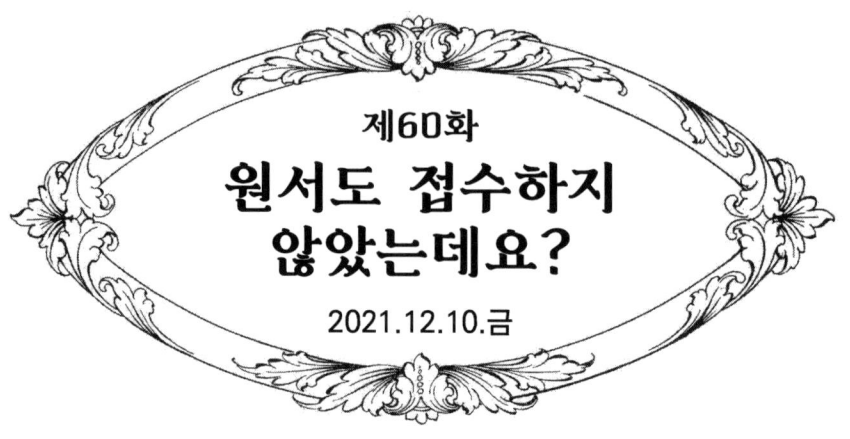

제60화
원서도 접수하지 않았는데요?
2021.12.10.금

입학 담당 선생님이 연락하셨다.

- 선생님, 전화가 왔는데요. 신입생 연수가 언제인가요?
- 28기 신입생 연수 말씀인가요?
- 네.
- 2022.02.24. 목요일 정도 계획하고 있어요.
- 아….
- 아니…, 그런데, 아직 (28기) 원서도 접수하지 않았는데요?
- (모두 폭소) 그러니까요.

   2022학년도 28기 신입생 원서도 접수하지 않았는데, 내년도 신입생 연수 일자를 문의하는 전화가 왔다고 하니…. 합격을 자신하시는 것인지. 이제 정말, 28기를 위하여 준비해야 하는 시점인 듯하다. 2021.12.09. 목요일부터 2022학년도 28기 신입생 원서 접수가 시작되었다.

제61화
적어주신 문구로
2021.12.10.금

그린나래 교육봉사 동아리와 어프렌티스를 비롯한 몇몇 동아리에서 선생님들이 적어주신 문구로 스티커를 만들었다. 재작년부터 작성한 스티커의 호응이 좋았는데 작년에는 시기를 놓치는 바람에 작성하지 못해서 무척 아쉬워했다. 올해는 잊지 않고 나도 몇 글자 적어주었다. 선생님들의 축복의 메시지.

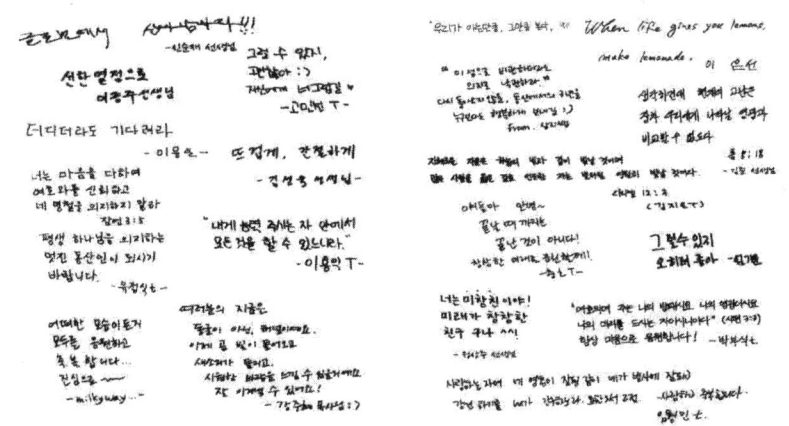

제62화
명품보다 어쩌고 패션
2021.12.10.금

시험 전주에 1-○○ 학급에 들어갔다.
맨 앞에 앉은 A가 갑자기 질문했다.

- 선생님…, 명품보다… 어쩌고, 패션… 저쩌고…?
- (너무 빨리 말해서 제대로 듣지를 못했다) 뭐라고?
- 아니…, 명품보다… 어쩌고…, 할아버지… 할머니 패션… 하세요?
- ? (도대체 뭐라고 하는 거지?) 명품 좋아하냐고?
- 아니, 명품보다 동묘 앞 할아버지 할머니 패션 좋아하시냐고요?
- 아, 일단 명품은 안 좋아하고. 2개 중에 고르라면, 할아버지 할머니 패션.
- 아.
- 근데 이게 무슨 말인데….
- 아…, 요즘 인터넷에서 애들이 떠드는 거예요.

그 날따라 긴 원피스를 입고 간 내 패션을 말하는 건가 싶어 다음

날 A에게 다시 질문했다.

- 어제 그게 뭐였어?
- 아…, 노래 가사에 나오는 거예요….

찾아보니, '불○화○'이라는 노래다.

이런 가사였다.

- 우린 돈보다 사랑이
  트로피보다 철학이
  명품보다 동묘 앞 할아버지 할머니 패션

  똑같은 것들 사이에 튀는 무언가
  동그라미들 사이에 각진 세모 하나
  우린 그걸 작품이라고 불러 친구야
  쟤들은 아무것도 몰라

아이들 따라가기 힘들다.

제63화
이렇게 예쁘고 고마울 수가
2021.12.17.금

  2021학년도 2학기 2차 지필고사가 끝났다. 지난해부터 발생한 코로나19 때문에(덕분에?), 평상시에도 아이들이 학교에 빠지지 않고 나오는 것 자체가 무척 귀하고 고맙게 생각되는 요즘…. 코로나 검사나 자가격리 등으로 시험 당일에 결석하는 경우가 다반사다. 담당 선생님이나 담임 선생님이나 해당 학생이나, 모두 다 당황스러운 일이다. 시험을 치러야 하는데, 학교에 올 수가 없으니….

  그래서 출근하여 12학급에서 결석생이 있는지 확인해서 평가 담당 부서에 알리는 일이 중요해졌다. 코로나가 아니어도 시험을 치르지 못하고 결석하게 되면 당연히 성적처리가 복잡해지는데 코로나 때문에 빠지는 학생들이 너무나도 많으니 일일이 점검하는 것이 얼마나 중요한지…. 그런데!

  이번 시험 4일 기간에 1학년 337명이 단 한 명도 결석하지 않고 시험을 치렀다는 놀라운 사실. 첫날에 모두 다 출석했기에 정말 깜짝 놀라서 아이들에게 알리고 싶었지만 부담스러워할까 봐 내내 참았다. 4일째까지 전원 모두 출석한 사실을 확인했을 때, 결과와 상관없이 337명 아이들에게 얼마나 고마웠는지 모른다.

정말 이런저런 이유로 빠질 수도 있었건만, 학교에 와 준 것만으로도 이렇게 예쁘고 고마울 수가 없다. 기특한 27기….

제64화
눈물이 그렁그렁
2021.12.17.금

생전 처음 코로나 검사를 했다. 가려던 검사소에 전화해 보니, 1시간 30분이 걸린다고 했다. 어디로 가야 할까 고민하다가 미리 가 계신 선생님들께서 괜찮다는 정보를 주셔서 S 선별 검사소로 갔다. 생각보다 줄은 길지 않았지만 바람이 차고 점점 길어지는 줄에 걱정되면서 무엇보다도… '어엄청' 아프다는 말을 수도 없이 들어서 완전 겁을 먹은 상태였다.

그런데…, 뒤쪽, '저어어너머' 한참 뒤에서 내 이름이 들렸다. '뭐지?' 하며 잘못 들은 것 같아서 가만히 있었다. 또다시 내 이름이 들렸다. 고개를 휙 돌려 서 있는 사람들 너머를 바라보았는데 저 멀리 한참 뒤에 여학생들의 얼굴이 갑자기 확 들어왔다. 자세히 보니 1학년 여학생들이었다.

너무 반가워서 (나의 트레이드마크인) 손을 막 흔들었다. 그리고는 머리로 생각을 하기도 전에 내가 큰 소리로 외치고 있었다.

- 나를 알아봤어?
- 네!
- 어떻게?
- 뒷모습 머리가….

소리치고 있는 내 모습에 나 스스로 완전 깜짝 놀랐고, 뒷모습을 보고 나를 알아본 아이들의 말에 더 놀랐다. 그래도 전혀 생각지도 못한 곳에서 아이들을 보니 무척 반가웠다.

언제 찔렀는지도 모르겠는데 '너어무' 아파서 눈물이 그렁그렁…. 너무 많이 검사해서 코가 헐었다는 말을 이제야 이해하게 된 코로나 검사 경험담.

제65화
오늘 당장 하자
2021.12.17.금

　야간 자기주도학습을 각 학급에서 하고 있었다. 시험 한 주 전부터 남학생만 5층 도서관에서 하게 되었다. 처음으로 5층 도서관을 사용했는데 아이들이 시간도 잘 맞추고 학습 분위기도 무척 좋았다. 시험 전 주, 1-○○의 A가 질문했다.

- 선생님, 시험 끝나고도 5층에서 공부하게 되나요?
- 그럼요.
- 그럼, 나도 해야지.
- (여기저기서) (나도.) (나도.)

　그렇게 말하는 것을 흐뭇하게 바라보았는데, 시험 기간 내내 전국적으로 몇천 명씩 코로나 확진자가 나오면서 결국 각 학급에서 야간 자기주도학습을 하는 것으로 바뀌었다.
　…

이런저런 일로 배우게 된 확실한 인생 팁 몇 가지.

- 내일 하겠다는 말은 하지 말자.
- 하고 싶은 일은, 오늘 당장 하자.
- 하고 싶은 일이 생겼을 때, 미루지 말자.
- 하고 싶지 않더라도, 해야 하는 일은, 오늘 당장 하자.
- 그래야, 하고 싶은 일을 하며 살 수 있을 테니….
- 내일이, 다가오지 않을 수도 있으니….
- 어제가 그리워질 수도 있으니….
- 어제의 일이, 어제의 사람이, 어제의 내 감정이 그리워질 수 있으니….
- 부족하더라도 오늘을 마음껏 즐기고 뭐든 열심히 하자.
- 지나간 시절을 그리워하며 슬퍼하지 않도록….

제66화
고소미합니다
2021.12.17.금

  확진자 증가와 거리두기 강화 조치로 비전홀에서 예정된 CCM 공연 관람 대상과 인원이 조정되었다. 처음에는 1, 2학년 모두 비전홀에 들어가기로 해서 좌석을 신청받았었고, 그다음에는 좌석을 신청한 사람만 비전홀에 들어가고 다른 학생들은 교실에 있는 걸로 바뀌었다. 최종적으로, 좌석을 신청한 2, 3학년 학생들만 비전홀에 들어가고 1학년은 모두 교실에서 TV로 관람하기로 했다.

  아이들이 얼마나 아쉬워하던지….

  특히, 1-○○ 학급 학생들은 거의 모두 좌석을 신청했다며 무척 서운해했다.

  - 선생님, 이건 너무합니다….
  - 1학년만 공연을 못 본다니요….

내가 말했다.

- 고소하네요.

아이들이 말했다.

- 와! 선생님!
- 고소미합니다!
- 진짜…. 하….

심혈을 기울여 학기 말 프로그램을 구상했건만 무척 아쉽게 되었다. 그래도 교실에서나마 그 열기와 현장감이 잘 전해지기를 바라며. 또 곧이어 다시 비전홀에서 생생한 현장 공연을 모두 다 관람할 수 있기를 진심으로 바라며….

제67화
어떻게 알고 있지?
2021.12.24.금

　빅토르 위고(1802-1885, 프랑스)의 대표적인 소설 〈레 미제라블〉에 관해 이야기하던 수업이었다. 빅토르 위고가 가난한 서민에게 관심이 많았고 그들을 따뜻한 시선으로 대했던 것에 관해 얘기하며 아이들에게 질문했다.

　- 빅토르 위고가 살던 시대는 프랑스 혁명 이후의 시대입니다. 프랑스 혁명이 몇 연도에 일어났을까요? (사실… 이것을 아는 학생은 별로 없겠지만… 수업 시간에 자주 언급이 되어서, 외우고 있는 학생들이 있었다.)

　- (어쩌고저쩌고) ~

　그런데. 어느 학급에서 '의외로' 대답하는 학생이 딱 한 명 있었다.

　- 1789년!

나는 깜짝 놀랐다. 어떻게 알고 있지? 다시 질문했다.

- 그럼, 프랑스 혁명이 무엇인지 알고 있나요?
- (왁자지껄) ~

어느 학생이 말했다.

- 프랑스에서 일어난 혁명!
- (모두 폭소) 하하하.

제68화
○○부인
2021.12.24.금

　이탈리아의 베로나에서 여름에 진행되는 야외 오페라 축제에 관하여 이야기하고 있었다. 야외 공연에서는 규모가 큰 작품들이 공연되는데 베르디의 〈아이다〉와 푸치니의 〈투란도트〉가 많이 공연된다. 당시 20세기 초반 유럽에서는 동양에 관한 관심이 고조되고 있어서 푸치니는 동양을 배경으로 한 작품을 만들었고 그중 하나가 중국을 배경으로 한 〈투란도트〉. 또 다른 작품에 대하여 질문했다.

- 푸치니의 또 다른 작품이 있습니다. 동양을 배경으로 한 작품인데요. 무엇일까요?
- (왁자지껄) ~
- 힌트를 줄게요. 일본이 배경….
- (왁자지껄) ~
- 그럼, 제목 4글자 중에 2개를 알려줄게요. '○○ 부인!'

앞에 앉은 A가 말했다.

- 애마 부인!
- (모두 폭소) 하하하.
- 애마 부인…을 아나요?
- (주저하며) 빨간 테이프….
- (모두 폭소) 하하하.
- 빨간 테이프…가 뭔가요?
- 어른들이 보는 내용…? (모두 폭소)

애마 부인이라는 제목에 당황했고, 그 제목을 알고 있다는 것에 놀랐다. 정답은, 푸치니의 〈나비부인〉인데 말이다.

제69화
커다란 트리를 교실 앞에
2021.12.24.금

지난주부터 학급별로 크리스마스 장식을 했다. 내 기억으로는 이런 학급별 행사가 흔한 일은 아니었는데 많은 학급이 열심히 교실을 장식한다고 들었다.

칠판과 교실 안팎으로 화려하게 치장하고들 있었고, A 학급은 교실 책상과 의자를 모두 다 옆으로 치우고 교실 한가운데에 기둥을 만들어 놓기도 했고 B 학급은 커다란 트리를 교실 앞에 세워놓기도 했다.

몇 명에게 크리스마스 장식 사진을 찍어 달라고 부탁했는데, 거의 모든 반이 장식하는 반면, 몇 학급은 하지 않는다고 들었다. 자유롭게 하는 것이니 강제할 수 없었지만, 무엇이든지 적극적으로 하는 것을 좋아하는 나로서는 내심 아쉬웠다.

그러던 이번 주 초…, 아무 장식도 하지 않고 움직이지 않던 교무실 바로 옆 C 학급이 갑자기 화려하게 변신하고 있었다. 교실 장식이며

조명이며 심지어 출입문까지….

그러더니 저기 멀리 있는 D 학급도 무언가하고 있다는 소식이 들려왔다. 또 저쪽 다른 편에 있는 E 학급도 무언가하고 있단다.

다음 주면 방학식과 석면 공사로 교실을 다 치워야 하지만, 그것과 상관없이 다양한 아이디어로 멋지게 교실을 장식하는 아이들을 바라보는 것만으로도 무척 기쁘고 행복했다. 그 마음을 가지고 오늘 1, 2학년 24개 학급을 돌며 채점했다.

제70화
Major가 아닌 Minor를
2021.12.24.금

영화에 관해 수업하고 영화감독이 된다면 어떤 영화를 만들고 싶은지 생각해보라고 했다.

아이들의 다양한 이야기….

- 서울역 앞에 계신 어르신들의 젊은 시절 삶부터 이야기하고 싶어요.
- 웹툰 ○○○○의 이야기를 만들고 싶어요.
- 죽음 이후의 이야기를 만들고 싶어요.
- 죽은 다음 1시간이 주어지고 이곳저곳을 다니는 이야기를 만들고 싶어요.
- 대사 없이 영상으로만 나오는 이야기를 만들고 싶어요.
- 민주화 항쟁에서 평범한 일반 시민들의 이야기를 만들고 싶어요.
- 여자 기숙사에서의 생활을 만들고 싶어요.
- 동물의 눈으로 보는 인간 세상을 이야기하고 싶어요.

오늘 나왔던 이야기.

- 김은하 선생님의 눈으로 보는 27기 학생들의 모습을 카메라에 담고 싶어요.

내가 대답했다.

- 아, 좋은 아이디어네요. 만약 제 눈에 카메라가 있다면 아마도…, 구석에 있는 것들을 비추게 될 겁니다. 여러분을 본다면, 구석에서 졸고 있는 어떤 학생, 교실의 잘 안 보이는 곳들, 사람들 눈에 잘 띄지 않는 것들을 유심히 보게 될 것 같아요. Major(주류)가 아닌 minor(소수자)를 비추고 있을 수 있겠네요.

반짝거리는 다양한 이야기들을 쏟아낸 영상 세대 아이들의 모습.

제71화
어떻게 이걸 다 먹었지?
2021.12.31.금

성탄절이 지난 이번 주 첫 시간, 피곤한 눈으로 앉아있는 아이들에게 질문했다.

- 주말에 뭐 했는지 친구들에게 물어봐.
- (왁자지껄)
- 어디… 밖에 한 번도 안 나간 사람?
- (저요…, 저요….)
- 친구 만난 사람?
- (저요…, 저요….)
- 맛있는 거 먹은 사람?
- (손을 많이 들었다) (저요…, 저요….)
- 음, 라면 먹은 사람?
- (저요…, 저요….)
- 피자 먹은 사람?
- (저요…, 저요….)

- 치킨 먹은 사람?
- (저요…, 저요….)
- 흠…. 이 3가지를 다 먹은 사람?

1명이 손을 들었다.
모두 다 깜짝 놀랐다.

- 어떻게 이걸 다 먹었지?

이야기를 들어보니 더 대단했다.

- 아니, 이 3가지를 몇 시에 먹었을까요?
- 오전 9시에 라면, 12시에 피자, 오후 5시에 치킨.
- 그럼, 야식을 또 먹었겠네요?
- 네, 족발.
- (모두 폭소) 아니 그럼 그건 몇 시에?
- 밤 9시.

식욕이 있다는 것은, 살고 싶다는 의지가 있다는 표현이니, 많이 많이 먹고 잘 지내기를.

흠… 나도 이번 주말에는 이 중에서 무엇을 하나 골라볼까….

제72화
뽀뽀하면서 끝낼 겁니다
2021.12.31.금

계속되는 영화제작 이야기.

A가 말했다.

- 저는 〈라라랜드〉 같은 음악영화를 만들고 싶지만, 그것과는 좀 다른 이야기를 만들고 싶어요.
- 어떤?
- 〈라라랜드〉는 사랑하는데 헤어지잖아요? 저는 헤어지지 않게 만들 거예요.

'사랑하는데 헤어지는 것'을 도저히 이해 못 하겠다는 A의 순진한 얼굴이 지금도 떠오른다.

'A야, 살다 보면, 사랑하지만 헤어져야 하는 경우도 있어.'

또 다른 학급의 B가 이야기한 내용.

- 저는, 웹툰 ○○○○○를 가지고 만들 건데요. 마지막 부분은 두 주인공이 뽀뽀하면서 끝낼 겁니다.
- (모두 어이없어하며 폭소) 하하하.
- 아니…. 해피엔딩으로 끝내겠다는 이야기는 많이 들어봤지만, 뽀뽀하면서 끝낸다는 것은 뭘까요?
- (순진하게? 웃으며) 그게 행복하게 끝나는 거니까요.
- (모두 폭소) 하하하.

혹시 이런 결말로 끝나는 영화를 보게 된다면, B를 생각하기를….

아이들이 생각하는 사랑의 모습들.

제73화
제 인생에 그런 일은 없을 겁니다
2021.12.31.금

2021학년도를 생각하면서 느끼는 감정을 적어보라고 했다.

C가 말했다.

- 남자 중학교에서 왔기 때문에 고등학교에 와서 남자아이들만 있는 학급에 적응하는 것이 어렵지 않았습니다.
- 음…, 다른 학생들은 어려웠었나 보네요…?
- 네…, 그랬던 것 같아요.
- 어떤 점이 어려웠나요?
- 여자아이들과 있으면 말도 부드러워지고 깨끗하게 하고 다니는데 남자아이들과 있으니 좀 거칠어지고 잘 씻지도 않게 되고….
- (모두 폭소) 하하하.
- 그래서 여자아이들이 지나갈 때 좀 떨리고 고개도 숙이고 다니고….
- (모두 폭소) 하하하.

- 지금은 괜찮나요?
- 네!

유난히 여학생에 관한 이야기가 많은 학급이어서 갑자기 엉뚱한 질문을 던져보았다.

- 공부하려고 마음을 먹었는데, 갑자기 누가 좋아한다고 하거나 갑자기 누가 좋아지면 어떻게 할 건가요?
- (와자지껄)

내 눈앞에 있던 D에게 물었다.

- 어떻게 할 건가요? D….
- (모든 아이가 관심 집중 - 공부만 하는 녀석이었다)
- 음…. (대답이 없고 생각에 잠겼다)
- 아니…. 뭘 그렇게 길게 생각해요. 어떻게 할 건가요?
- 음…. 저의 인생에 그런 일은 없을 것 같습니다….
- (모두 폭소) 아니, 혹시라도 갑자기 그런 일이 생기면요….
- 음음음…. 제 인생에 그런 일은 없을 겁니다….

정말 귀여웠던 D….

20대 이후에는 그런 일이 생기기를 바라며….

제74화
서 계신 동안
2021.12.31.금

  생활기록부 작성과 성적처리와 교무실 짐 정리로 담임 선생님들이 무척 무척 바쁘셨다…. 나도 내 짐 정리부터 이것저것을 해야 하지만 바쁘신 선생님들을 도와드려야겠다는 마음에 내 짐을 미리 정리하고 교무실 전체 짐을 빨리 정리하리라고 마음먹었다.

이렇게 말하면서….

- 선생님, 이런 하찮은 일은 제가 할게요. 선생님들은 빨리 생활기록부 작성하세요.

그러던 중 E 선생님께서 말씀하셨다.

- 선생님, 프린터가 좀 이상한데…. 저희는 바쁘니까 선생님께서 전화 좀 해주세요.
- 넵!

AS 부탁 전화를 드린 후 말씀드렸다.

- 선생님! 바빠서 서 계신 동안 제가 전화했습니다!
- (모두 폭소) 하하하.

정신없이 바쁜 마지막 주가 끝나가고 있다.

제75화
게임을 하고 있다며
2021.12.31.금

올해 마지막 수업에서 만난 어느 학급이 있다. 내가 예뻐했고, 마음이 많이 가서 더 잘 챙겨주고 싶었던 학급이었다. 역시나 1년 동안 이런저런 일들로 내 눈에 많이 띄었던 F 학생의 책상 위에 음료수 캔이 2개 뜯어져 있고 한쪽에는 삼각김밥이 놓여 있었다. F는 자취생이다.

- F, 아침에 음료수를 2개나 마신 건가요?
- 네….
- 모두 다 마시다가 만 것들이네요.
- 네….
- 아니 그런데 삼각김밥은 그대로인데요…. 아침 안 먹었어요?
- 음료수 2개랑 김밥이랑 도넛을 샀는데, 음료수와 도넛을 먹다 보니 김밥이 안 먹혀서요….
- 선생님이 가장 중요하게 생각하는 질문은, '아침밥 먹었어요?'인데요. '지각해도 좋으니 아침밥 먹어라.' '결석해도 좋으니 아침밥 먹어라.'예요. 자취하는데 아침을 꼭 먹고 다녀야죠.

- 네. 앞으로 그렇게 할게요….

뭔가 이것저것 잘 챙겨주고 싶은 학급이었는데, 조금 흐트러져 있던 녀석들이 마지막으로 갈수록 온전해지고 있었다. 심지어 오늘은 결석생 1명 없이 모두 다 왔다. 마지막 인사를 하는데 나도 모르게 울컥했다….

****

…라고 주말 편지를 썼고, 교무실에서도 이야기했는데 조금 전 G 선생님께서 그 교실에 갔다 오셔서 말씀하셨다. TV와 노트북을 연결해서 게임을 하고 있다며.

아직은 장난꾸러기 모습들이지만, 잘 커나갈 것이라 믿으며….

제76화
꽃이 좋아
2021.12.31.금

　일본어 시간에 H가 '그립톡'을 만들었다며 나를 찾아왔다. 내 아이디인 '꽃이 좋아'가 들어가 있었다. 정말 깜짝 놀랐다. 정말 이쁜 컬러와 글씨체. 감격스러워하며 사진을 찍어 놓았다. 조금 있다가 다른 반의 I가 나를 찾아왔다. 미술 시간에 만들었다며 이번엔 컵을 내밀었다. 박스에 담긴 컵을 꺼내 보고는 역시나 깜짝 놀랐다. 내 아이디인 '꽃이 좋아'가 그려져 있었던 것.

　- 저도 선생님 생각나서 만들었어요….

　담임도 아니고 한명 한명 제대로 알지도 못하는데, 이런 정성 어린 선물을 받아도 될지…. 고맙고 고마울 뿐….

제77화
적어달라고
아우성들이었는데
2021.12.31.금

* 1-1부터 1-12까지
일일이 다 적을 수가 없을 정도로
즐거운 에피소드가 넘쳤다.

매시간
17살 특유의 웃음과 재치로
나를 웃게 했던 아이들….

수업 시간마다 있었던 일들을
주말 편지 에피소드에 적어달라고 아우성들이었는데,
여기에 하나하나 다 적지 못하는 고충을 이해하기를 바라며….

2학년이 되어서도
3학년이 되어서도

넘치는 에너지로
안산동산고등학교에서의 삶을
잘 다스려가기를 바라며….

늘 생각하지만

아이들에게 내가 필요한 것이 아니라
나의 삶에 아이들이 필요하다는 것을
절실히 느낀다….

이제 이 아이들이 18살이 된다.

작가의 말

   2021년 입학생인 27기 학생들과 학부모들에게 매주 금요일 주말 편지를 발송했습니다. 학생 편과 학부모 편으로 나누어 매주 학교의 공지 사항을 보내는 것으로 시작했었는데, 1학기에는 담임 선생님들의 이야기, 학급의 이야기를 같이 엮었고, 2학기에는 비담임 선생님들의 이야기를 넣었습니다. 학교 공지 사항으로만 작성했을 때도 무척 호응이 좋았고, 1학기 중간부터 시나 소설의 일부와 추천 음악도 넣으면서 굉장히 정성이 들어가는 작품이 되어 더 좋은 반응을 보여주었습니다.

   주말 편지를 쓰면서 매주 일어나는 아이들과의 놀라운 순간도 공유하고 싶어서, 1학기 중간부터 학생들과 있었던 에피소드를 넣게 되었습니다. 아이들의 생생한 모습을 담다 보니 저 스스로 가장 만족스러웠습니다. 그리고 이 에피소드에 아이들과 학부모들이 가장 환호했고요. 주말 편지는, 안산동산고등학교 1학년부에서 제작하는 자랑스러운 학교 소식이고, 학기마다 제본하여 학교 도서관에 소장하고 있습니다. 주말 편지에 들어갔던 에피소드만 따로 만들면 어떨까 하여 2021년 것을 정리하여 이렇게 책으로 내놓게 되었습니다.

아이들과 함께할 때 웃을 일이 더 많아지는데, 아이들도 저와 같은 마음이기를 바라봅니다. 어쩌면 아이들과 선생님들은 잊어버렸을 수도 있을 법한 우리들의 이야기를 다시 한번 읽으며 제 얼굴에 미소가 떠나지 않는 걸 알았습니다. 인생은 희극보다 비극에 훨씬 더 가깝다고 하지만, 그래도 웃을 수 있는 순간들이 더 귀하고 빛나는 것 같습니다. 잊지 않고 기록해 놓고 기억하려고 합니다. 고맙습니다.

2023.08.10.(목) 서울

반짝반짝 작은별 2021

초판 1쇄 2023년 11월 20일

글 김은하

펴낸곳 이분의일
주소 경기도 과천시 과천대로2길 6, 과천테라스원 508호
전화 02-3679-5802
이메일 onehalf@1half.kr
홈페이지 www.1half.kr

출판등록, 제 2020-00015호
ⓒ김은하, 2023
ISBN 979-11-92331-08-9 (03810)

이 책에 실린 글과 이미지의 무단복제를 금합니다.
이 책의 내용의 전부 또는 일부를 재사용하려면 반드시 출판사의 동의를 받아야 합니다.